“大运河人物故事”丛书

丛书主编 张廷皓

大运河汴渠实测者

沈括

吴朋飞 赵金华 著

南京出版传媒集团 南京出版社

图书在版编目（CIP）数据

大运河汴渠实测者——沈括 / 吴朋飞，赵金华著
. -- 南京：南京出版社，2022.1
（“大运河人物故事”丛书）
ISBN 978-7-5533-3381-6

Ⅰ. ①大… Ⅱ. ①吴… ②赵… Ⅲ. ①沈括（1031-1095）- 生平事迹 Ⅳ. ①K826.1

中国版本图书馆CIP数据核字（2021）第174440号

丛 书 名 大运河人物故事
丛书主编 张廷皓
书　　名 大运河汴渠实测者——沈括
作　　者 吴朋飞　赵金华
出版发行 南京出版传媒集团
南 京 出 版 社
社址：南京市太平门街53号　　邮编：210016
网址：http://www.njcbs.cn　　电子信箱：njcbs1988@163.com
联系电话：025-83283893、83283864（营销）　025-83112257（编务）

出 版 人 项晓宁
出 品 人 卢海鸣
责任编辑 崔龙龙
装帧设计 王　俊　张　淼
责任印制 杨福彬

制　　版 南京新华丰制版有限公司
印　　刷 江苏扬中印刷有限公司
开　　本 787毫米×1092毫米　1/32
印　　张 3.5
字　　数 53千
版　　次 2022年1月第1版
印　　次 2022年1月第1次印刷
书　　号 ISBN 978-7-5533-3381-6
定　　价 15.00元

用微信或京东
APP扫码购书

用淘宝APP
扫码购书

总　序

大运河是中国人民的伟大创造。这条始建于公元前486年的人工水道，作为中国历史上贯穿南北的大动脉，集漕粮运输、商旅交通、军资调配、水利灌溉等功能于一身，不但加强了全国各地区间的政治、经济联系和文化交流，维护了多民族大一统国家的稳定和发展，而且使北方的丝绸之路和南方的海上丝绸之路在古老大陆的东方形成了闭环，因而具有世界意义。时至今日，大运河沿岸遍布城镇、码头、仓库、船闸、桥梁、堤坝等各类遗存，构成了中国乃至世界范围内罕见的线性文化带，并成功地在2014年6月22日第38届世界遗产大会上入选《世界遗产名录》。2017年6月，习近平总书记对建设大运河文化带作出重要指示，指出“大运河是祖先留给我们的宝贵遗产，是流动的文化，要统筹保护好、传承好、利用好”。2019年2月，中共中央办公厅、国务院办公厅联合印发《大运河文化保护传承利用规划纲要》，就进一步保护好、传承好、利用好大运河沿线的丰富文化遗产提出了明确要求。

回顾大运河萌芽、发展和演变的过程，诸如国家政策、政治形势、军事需要、地理环境等，虽然也都会对其历史变迁产生一定程度的影响，但从根本上来看，“人”的作用往往显得更为重要。千百年来，大运河的规划者、开凿者、建设者、管理者、治理者，以及其他与大运河有关的各类人物，凭借着不拘一格的思考方式、与时俱进的思维理念、突破常规的制度创新、因地制宜的技术方法革新，比较圆满地解决了大运河形成过程中所遇到的自然、运输和管理等一系列问题，实现了大运河从地区性到整体性、临时性到制度性、零散性到系统性的质变。这些大运河历史上涌现出的杰出人物，作为创造、改变和塑造大运河的主体和关键，其思想观念中闪烁着的智慧光芒，和一言一行中表现出的担当作为，不仅是大运河历史上无比珍贵的宝藏，同时也是彰显和传播中华民族灿烂文明的重要文化遗产，值得我们进一步挖掘和弘扬。

与蔚为大观的河道变迁、漕运制度、城镇商业、文化风俗等成果相比，有关大运河人物的研究相对薄弱。为了展现大运河深厚而丰富的文化内涵，传承和弘扬中华优秀传统文化，南京出版传媒集团（南京出版社）决定推出一套“大运河人物故事”丛书。这套面向广大青少年读者的普及性读物，精选历代与大运河有关的著名人物，时间上从春秋战国直至民国时期，空间上则覆盖隋唐大运河、京杭大运河和浙东运河。每册均邀请学有专长的作者撰写，力图在准确把握史实的基础上，用生动活泼的语言文字，引人入胜的故事情节，丰富多彩的知识拓展，刻画每一位大运河人物的主要经历，涉及凿河规划、水利建设、漕运管理、治运思想与实践、研究著述以及后世影响等，在折射大运河变迁轨迹的同时，充分展现出这些人物与大运河的密切关系，以及对大运河的变迁所发挥的作用。

青少年是国家的未来和民族的希望，肩负着实现中华民族伟大复兴、建设社会主义现代化强国的历史重任。近年来，南京出版传媒集团（南京出版社）先后推出了“抵御外侮——中华英豪传奇”“抗战十四年·中华儿女传奇”等多套青少年读物，在培养青少年爱国主义精神、培育和践行社会主义核心价值观等方面，起到了十分积极的作用。衷心希望“大运河人物故事”丛书能成为广大青少年认识和了解大运河历史文化的良师益友，在深化他们对大运河文化内涵认知的同时，展现中华民族的聪明才智和中华文明的灿烂辉煌，为他们的健康成长树立文化自信，使之成为将来建设国家的栋梁之材。

张廷皓

（作者系中国文物学会大运河专业委员会主任委员、中国文化遗产研究院原院长）

目 录

引　言

沈括，字存中，号梦溪丈人，钱塘（今浙江省杭州市）人，生于北宋天圣九年（1031）。北宋时著名的科学家、政治家、军事家。至和元年（1054），受朝廷恩荫进入仕途，任海州沭阳主簿，开始了他的政治生涯。嘉祐八年（1063），沈括考中进士。历任太子中允、检正中书刑房、提举司天监、三司使、鄜延路经略使等职。元丰五年（1082），沈括遭受政治打击，承担永乐城大战失败的责任，遭贬谪至均州（今湖北省丹江口市）。元祐三年（1088），他正式结束三十多年的政治生涯，隐居在润州（今江苏省镇江市）梦溪园。绍圣二年（1095），沈括在梦溪园逝世，享年六十五岁。

沈括政多治绩，博学善文，天文、方志、律历、音乐、医药、卜算无所不通，是一位有多方面成就和贡献的科学家，在当时找不出可以和他比拟的人物。著名学者胡道静评价道："他（沈括）是我们历史上，同时也是世界历史上稀有的一位通才。对于文学、艺术、科学、技术和历史、考古，他都有深刻的研究，并且在各方面都有创造性的见解提出来。他有好些重要的创见，至今为举世学人称道不衰；他有好些正确的科学论断，远在西方学者数百年之前便明确地提出。不可掩抑的光芒表明了我们勤劳智慧的祖先在知识范畴内曾作出多么巨大的成就，而沈括便是其中最优秀的创造者之一。”虽历数百年，精神尚犹在，沈括值得这样的评价，《梦溪笔谈》是其优秀思想的最好见证。英国学者李约瑟认为《梦溪笔谈》是中国科学史上的坐标，沈括是中国整部科学史上最卓越的人物。为了纪念这位世界闻名的中国古代科学家，1979年7月1日，中国科学院紫金山天文台将该台于1964年发现的一颗小行星（编号2027）命名为“沈括星”。

身处庙堂，亦志在山川，这是沈括一生的追求和写照。他在水利工程上的成就和贡献主要有四个方面：年仅二十三岁任沭阳主簿，满怀政治热情疏导沭水，修筑百渠九堰，得良田七千顷；二十九岁与封建顽固派据理力争，协助哥哥沈披督办芜湖万春圩的圩田工程，避免长江水患威胁；人到中年，积极进取勇于革新，与守旧保守派进行激烈斗争，匠心独运修筑汴河，竭力支持农田水利法，独创“分层筑堰法”，变沿河盐碱地为良田，更为大运河的通利南北作出了重要贡献；奉命南下两浙，相度农田，兴修水利。

本书以沈括政治生涯中兴修水利的大事件为主线，突出汴河兴利与实测汴河，分七个章节来展现沈括充满传奇的一生。希望读者能够通过阅读本书，了解一位真实的历史人物沈括，了解沈括实测汴河、独创“分层筑堰法”和他一生勤恳为民兴水利的历史。

第一章　初显身手治沭水

悠悠沭水不尽流

沈括像（《沈氏家乘》）

宋仁宗天圣九年（1031），沈括出生在一个官僚士大夫家庭。钱塘沈氏是当地的名门望族，其父沈周是大中祥符八年（1015）的进士，其母许氏出身于世家大族，舅舅许洞是著名的战略学家，哥哥沈披是一位水利学家。康定元年（1040），沈周任泉州知县，沈括随父亲前往泉州。在泉州的四年间，沈括开始从师学习。庆历三年（1043），朝廷命沈周回京就职，任开封府判官，沈括便随父亲从泉州前往京师。约在庆历六年（1046），沈周任江东路转运使，沈括又随父亲南下至江宁（今江苏省南京市）。在江宁，沈括认真读书习字，并开始学习医术。皇祐二年（1050），沈周辞去江东路转运使的职务，自请前去明州（今浙江省宁波市），后任明州知州。这次沈括没有跟随父亲前往明州，而是去了苏州舅舅家中攻读诗书，并继续钻研医术，收集医方。

北宋皇祐三年（1051），沈括的父亲沈周去世，他开始为父守丧。至和元年（1054），服丧期满后，按宋代官员死后可荫其子的规定，沈括被任命为海州沭阳县主簿，时年二十三岁。主簿是县令属下掌管文书的佐吏，类似今日县长助理一类的官职。这是沈括一生中担任的第一个官职，从此开始了他长达三十多年的官宦生涯。

沭阳，即今江苏省宿迁市下辖沭阳县，因位于沭水的北岸而得名，是沈括从政和治水的重要起点。沭水，又名沭河、老沭河、总沭河，是《周礼·职方氏》所写的“浸曰沂、沭”的地方。根据单树模主编的《中华人民共和国地名词典》（江苏省）中的相关记载，该河发源于山东省沂水县境内的沂山南麓，同沂河平行南流，过郯城县红花埠在新沂县谢庄（今江苏省新沂市港头镇）进入江苏境内。沭水下游河道紊乱多变，在黄河夺淮前，上中游来水在新沂县马陵山（今江苏省新沂市

误播种耕作，错过农时。沈括深知要稳定当地的民心，保障民生，必须治理沭水，为老百姓创造良好的生产条件，解决农民的吃饭问题。秉着爱国爱民的赤子之心，沈括下定决心疏浚沭水，他讲求实际，亲自探察沭水，体察民情。

在民间走访时沈括发现，激发农民反抗情绪的原因主要有两个。一是政令朝令夕改，没有定数。在之前的治理中，计划经常几日之内一变再变，致使民夫产生积怨情绪，动乱人心。另外，参与修筑水利工事的人员众多，管理权限不明，行动效率极低。二是巡视监督的官吏对待民夫态度粗暴，加上工程进展缓慢，徭役期限不断延长，加剧了民夫们的不满。找准这两方面的原因后，沈括提出不应该朝令夕改，随意改变工作计划，强调政令一致，赏罚分明。沈括立即罢免了原来监督修建水利的官吏，重新安排人员管理，明确分工，自己也身体力行，亲自到工事上考察工程进度。沈括的治水方案得到了民夫们的支持，挽回了民心，民夫们都积极投入到治水工作中去。海州派去视察工作的官吏认为工程要四十天才能完工，但沈括考虑到春种时节将至，也不愿过度延长民夫的工作时间，认为实际完成时间可以缩短十天，三十天即可。沈括以自己的聪明才智制定了排灌结合的治水方案，调集数万民夫，全力投入到沭水的疏浚工程中。沈括顺利完成的疏浚沭水任务，是个了不起的政绩。

沈括治水是用疏导的办法。首先，他率领民夫们新筑两道防洪大堤，用来引导河水流向。其次，他带领民夫修建了百余条灌溉渠，新建九座堤堰，用来分导和节制沭水的主流和支流，在沭水两岸开垦了超过七千顷的田地，彻底地解决了沭水多年水患。治理过后的沭水，淤泥阻塞的河道被疏通，汛期可以抵挡滔滔洪水的侵袭，涝时能够排泄河道中的积水，旱时能够及时通过灌

沭阳老沭河今貌

溉渠灌溉农田，使得当地百姓的水灾威胁得以解除。这不仅安抚了农民的反抗情绪，缓解了朝廷与百姓之间的激烈冲突，更为当地的农业生产作出了不小的贡献，使沭阳县的农业生产得到了恢复和发展，百姓连年丰收，保障了民生。

沭水疏浚工程的顺利完成使沈括的治水理事能力尽显无余，使他在政界树立了良好的口碑，为他以后修建万春圩和治理汴河奠定了基础。至和二年（1055），朝廷任命沈括为东海县令。

沈括在东海期间，对大自然的探索进一步深入，见闻也进一步增广。他曾登上海州的苍梧山（今江苏省连云港市云台山），写下了《海州观放鹘搏兔不中而飞去》：

秋霜濯空林，暮日在峰顶。
冥冥起长风，稍稍绝遗影。
骁禽值猛搏，俯取不待顷。
岂非求者乖，矫翮成远骋。
未能谢榛莽，那用遽悻悻。
此心竟可怜，得失未宜病。

受民敬仰传千古

沈括荫任海州沭阳主簿，官职低微，但他抱着强烈的政治热情和爱国爱民的情怀，位卑不敢忘忧国，在治理沭水上作出了很大的贡献，在政治舞台上初露锋芒。

他勤政爱民，深得民心，县志也为之列传，深受沭阳人民景仰。沈括对修筑工事的民夫们表现出拳拳爱民之情，他在沭阳的故事至今仍在民间流传。相传沈括在带领民夫们治水的时候，看见民夫们的肩膀因为挑泥而磨破了皮，回到家后受到妻子在缝制衣物时害怕扎伤手指用顶针做保护的启发，为民夫们缝制了保护肩膀的布垫子，就这样，布垫子在工地上得到了广泛的应用。民夫们感激沈括，亲切地把这块厚布垫子称为“沈垫肩”，久而久之，就变成了现在我们所说的“垫肩”。

沈括治理沭水的功绩直到现在仍被当地百姓称赞和纪念。现今，沭阳县境内先后修建了梦溪植物园、沈公亭、沈括桥等，还衍生出许多彰显梦溪文化的地名，如梦溪公园、梦溪中学、梦溪广场，来纪念沈括为沭阳大地作出的巨大贡献。

沈括治理过的沭水现在仍然存在，当地人在沭阳县

沈括桥

境内沭河岸边上建立起了沭河水利风景区，河道工程总长14.1千米。景区以水生态文化为核心，依托老沭河、内沭河和外沭河三条河流，将沭河公园、虞姬公园、南湖公园等景点串联起来，尽展“花香沭城、生态沭阳”的迷人风采，兼具城市防洪排涝、休闲游憩、水利科普等功能。沿河桥梁众多，以桥入景，浑然天成，用以铭记沈括治水功绩的沈括桥便是其中之一。和谐、舒适的生态园林，使游人宛如置身江南水乡，别有一番趣味。

沈公亭

沈公亭位于沭阳县城南部十字街道，1988年10月，沭阳人民为了纪念这位伟大的水利专家，在沭水边上修建了纪念沈括的碑亭。此亭造型精巧美观，亭身为六角形，下部以六根圆柱支撑，上部为覆盖红色琉璃瓦的飞檐。当时亭中竖立高1.5米、宽1米的石碑，其上“沈括纪念碑”大字由时任沭阳县副县长朱琴生题写。石碑的北面为十字乡人民政府撰写的介绍沈括生平的碑文：

> 沈括（1031—1095），字存中，浙江钱塘人，为我国宋代著名的政治家、科学家，贤于政事，官徙至龙图阁学士，曾参与王安石变法。精通六艺，著述颇多，有《梦溪笔谈》等传世。至和二年，出任沭阳主簿，勤政务实，率民疏沭水作百渠九堰，益田七千顷，功绩卓著。沭水流经十字，禾香两岸，泽被万民，缅怀遗爱，立碑建亭于兹，冀以百世流芳。

沈公亭建成后，当地百姓誉之为“沭阳新八景”之一。有诗赞曰：“悠悠沭水不尽流，十字桥边景色幽。百渠九堰今安在，主簿丰碑亭下留。”这是人们对沈括治理沭水最好的歌颂与赞扬。

小贴士：《梦溪笔谈》

沈括一生的著作很多，但大多已经失传，《梦溪笔谈》是流传下来的最有影响力的著作，是我国古代著名的笔记体著作之一，大约成书于1086—1093年，是沈括晚年在镇江梦溪园根据他一生的所见所闻写作完成的。《梦溪笔谈》包括《笔谈》《补笔谈》《续笔谈》三部分。《笔谈》共26卷，分为17门，依次为“故事、辩证、乐律、象数、人事、官政、权智、艺文、书画、技艺、器用、神奇、异事、谬误、讥谑、杂志、药议”，涉及水利、数学、经学、天文历法、文学、气象、艺术、地质、法律、地理、历史、军事、物理、化学、风俗等28个领域，共609条。沈括是一位兴趣广泛、涉猎范围极广的科学研究者，因此，《梦溪笔谈》所包含的内容众多。此外，书中不仅有沈括自己的科学研究发现，也有对他人科学成果的转述记录，如毕昇的活字印刷术等。《梦溪笔谈》对研究宋代科学技术水平具有极高的史料价值，英国学者李约瑟认为《梦溪笔谈》是中国科学史上的坐标。

梦溪植物园，现为国家2A级景区，也是沭阳县的市民公园。公园突出梦溪文化，围绕《梦溪笔谈》中所记载的故事、书画、器用、官政、异事、药议等17个方面

梦溪植物园

进行景点设计，如活字印刷、水中佛经等。公园的水路设计上充分利用沈括关于“流水”和“止水”的观点，并与滨水设计体验相结合，突出了水这个公园的灵魂。现在这里是沭阳市民休闲的好去处。

沭阳县梦溪街道办事处的名称，也是取自沈括《梦溪笔谈》。以前沭阳县在城内大街修筑沈括巨石像，现在用梦溪街道、梦溪园路、梦溪植物园、梦溪中学等地名以示对沈括的纪念。

第二章　抗万难修万春圩

据理力争定施策

嘉祐六年（1061），沈括辞去了繁重的公务，此时，他的哥哥沈披接任宣州宁国县令，于是沈括便前往兄长家中，客居宁国，准备科举考试。沈括在宁国生活的时间不长，却游历了境内的名胜景观，写下了赞美宁国山水的诗文。2007年，由张贤南先生编辑的《古代诗文话宁国》一书，辑录有沈括仅存的三篇关于宁国的诗文，它们分别是《十松亭》《游山门诗序》《游山门》。在沈括的眼里，山门之山蔚为壮观，陡峭奇险，为江南山川中最有代表性、最值得一游的山。山门洞，民国时期为宁国八大风景之一，现为宁国市著名的旅游景区。

在宁国期间，沈括帮助哥哥完成了一项利国利民的水利工事——修复万春圩。重筑后的万春圩圩堤高一丈二尺，底宽六丈，周长八十余里，圩内有农田十万二千七百余亩。

众所周知，长江中下游地区地势低平，水系众多，耕地多在河道周围，雨季到来时，农田常常会被淹没，耕种不便。为了解决耕田常被淹没的问题，当地劳动人民便用自己的智慧创造出了圩田。

沈括负责修复的万春圩，是中国古代著名圩区，也是历史上开发最早的江南圩田之一，是安徽省古代农田水利建设中卓有成效的灌溉名区之一。万春圩位于今安徽省芜湖市，东临青山河，南连青弋江及支流杨青

小贴士：圩田

圩田是古代农民发明的改造洼地的造田方法，就是在紧邻耕地的河道旁环筑堤岸，将大片农田围绕起来。堤岸高大厚实，并设置有闸门，水多的年份可以开闸放水，不至于使河水外溢，遭遇旱年时还可以开闸引水灌溉。堤岸外水渠环绕，堤岸内农田整齐排列，阡陌纵横，颇有江南水乡的风韵。农田内的田水高于沟水，沟水高于渠水，渠水流通到河道内，河道水流入长江，长江再奔流入海。

河，西隔扁担河，北与当涂“五圩”紧连。最初修建年代现在已无法考证。三国东吴时曾招募江北十万流民来江南开垦，史书中分别在赤乌二年（239）、永安三年（260）、建衡元年（269）三次记载东吴在丹阳湖一带兴水利、围湖造田，其中就包括了今万春、咸保一带。三国末年，丹阳湖田的收入成为供奉嫔妃们的胭脂费。东晋义熙八年（412）“田赐贫民”，这里由官田变为民田。唐代时由于官粮漕运制度，官府禁用丹阳湖水灌溉，圩田因此荒废。后来圩田逐渐恢复使用，但被秦姓土豪所霸占，改为秦家圩，以示其私有。南唐时此地收归皇家所有，划为荆山、万春、黄池三地，租税仍供嫔妃们用作胭脂费。到了宋代，圩田改属芜湖县，租税收归大农。北宋太平兴国八年（983），圩田被大水冲毁，造成了丹阳湖区“绵浸三四百里”，一片汪洋，主管圩田的官吏欧某，护圩不谨，万春圩被洪水冲毁，后八十年间一直无人修复，大片圩田变成了废地。宋廷中间曾几次商议修复圩田，朝野上下争论激烈，意见始终不统一，最终没有修成。

嘉祐六年（1061），江南东路转运使张颙、判官谢景温在巡视江南圩田、讨论如何修复秦家圩时，听闻沈括治理沭水有功，便邀请沈披和沈括兄弟俩帮忙协助修复秦家圩。此时沈括也已经辞官，在哥哥沈披家中准备科举考试。沈披和沈括力排众议，招募民夫修建万春圩，开展了一场大规模的修建活动。

沈氏兄弟深谙水利，会测算，他俩到荒废的秦家圩进行实地考察后，认为复修秦家圩是利国利民的大好事，于是将该地目前的地势情况绘制成图，极力主张修复秦家圩，并提出了具体的治理方案，呈送给张颙和谢景温。谢景温听后大喜，准备呈报上级，开始动工。但令人没有想到的是，朝中知道要修复秦家圩之后，出现了很多反对的声音，一时闹得沸沸扬扬。

反对派里有人认为南方夏季雨季来临时，圩田的面积过大，阻挡了水路，水流无法排泄，会引起新的水患；有人认为圩田里的水所流经的地方有蛟龙潜伏，会使堤岸遭到破坏；还有人认为圩田的东南堤岸连接大湖，常年经受风浪冲击，容易遭到破坏。面对朝廷保守人士的各种质疑，沈括丝毫不畏惧，他总结江南农民生产经验，依据修建圩田的理论与实践，对这些质疑逐条给予辩驳，发表了著名的《圩田五说》。

一说，所谓夏秋之水洪峰泛溢，圩田占位，势必造成破堤成灾。沈括反驳道：“雨季来临时，虽然水量大，但是圩田周围和大江相通，洪水顺江而下，不会危及农田也不会发生水灾。”沈括依据绘制的地图进一步解释道：“秦家圩北有丹阳、石臼两湖，沿圩河水又可注入长江，不存在‘无广泽所容’，也不会出现新的水患。”这就是说，建圩要因地制宜，不能一概否定。

二说，所谓圩田之后，地貌形态改变，汛期极易导致流水不畅。沈括认为，可以开挖新的河道排水。这就是说，可以采用实施工程的办法来处理。

三说，所谓“圩水之所处，皆有蛟龙伏其下”。沈括断然否定这类迷信说教，他解释道：“圩外大河之水穿堤，天长日久，‘其下不得不为渊，渊深而岸废’。”沈括说这并不是蛟龙作怪，圩堤被破坏是由于江水穿堤而过，才使堤岸倒塌，只要制定合理的筑堤方案，就可以避免这个问题。这就是说，是由于我们没有认识到事物内在的关系，根本不是什么蛟龙在作怪。

四说，所谓秦家圩荒废后，来此采茭业渔者已有百余家，一旦圩复，势必导致他们停业或改行，他们起来反抗怎么办？沈括认为朝廷应当制定政策，承诺他们能过上安居的田园生活。这就是说，只要维护群众的正当权益，他们是会赞成的。

五说，所谓圩之东南滨临大泽，“风水之所排，堤不能久坚也”。沈括分析说，圩堤在这里并不是孤零零的陡然突起，而是有一个一百多步远的缓坡，可在堤外两旁种植垂柳，再密植芦苇以抗风浪，定能使水势不与圩堤相争，缓解风浪对圩堤的冲击，而保全大堤。这就是说，营造良好的生态环境，就可增强圩堤的防护能力。

因为沈括论说有理，加上张颙等人力主修复，并向朝廷保证，圩不成“愿重坐之”，最终，修复万春圩的主张被宋仁宗采纳。

工程实施见成效

修复万春圩的工程开始付诸实施，转运使张颙负责督工，沈括负责设计、指挥、施工。因工程浩大，又正值江南地区遭遇灾荒，百姓流离失所，便采取“以工代赈”的方式，调动了宣城、宁国、南陵、当涂、芜湖、繁昌、广德、建平八县的人力，共招募民夫一万四千余名，拨发赈灾粮，统筹调度。

万春圩修复工程分为三个工期进行施工：一期工程

宋仁宗像（台北故宫博物院藏）

以数天时间铲草烧荒，清基画线；二期工程修堤筑坝，层土层夯；三期工程挖沟平田，平整土地得良田。沈括不辞劳苦，精心设计，经过了他和民夫们八十多天的艰苦努力，直径二十二里的万春圩终于建成完工。一座崭新而坚固的江南第一大圩横卧在青弋江下游，近十万亩荒地变成粮仓，得良田一千二百七十顷。仁宗皇帝听闻后大喜，特别赐名“万春”，万春圩便因此得名，这个吉利的名字一直沿用至今。

《长兴集》中记载，新修的万春圩“博六丈，崇丈有二尺，八十四里以长”，圩堤宽六丈，高有两尺，呈梯形，圩坝宽广厚实，外侧缓坡上栽有桑树数万株，坝下种有芦苇，用以加固圩坝，防风防浪。堤上设有五座堰闸，可以控制蓄泄。圩区共有良田一千二百七十顷，稻田以每百亩为一方，水沟环绕四周，每四方为一区，以水渠为界，渠中水既可以灌溉也可以通行小船。圩区中间大道修筑长二十二里大路，宽能并行两车。万春圩修复完毕后，既可以拦洪又可以蓄水灌溉，实现了粮食的增产增收，圩田内可生产粟三万六千斛，另外，贩卖菇、蒲、桑、麻的收入，可得钱财五十万余。万春圩逐渐展现出一派百姓安居乐业的兴旺景象。

治平二年（1065），在万春圩完工后四年，长江下游突发严重水灾。“江浙汉沔间所在泛人庐舍，流徙皆以万计。”自汉沔到江浙，八成地区都受到洪水的威胁，池州到宣州之间大大小小一千多个圩区惨遭淹没，只有万春圩巍然屹立，并庇护了附近许多小圩，可见沈括技艺之高，修筑质量之优。

撰《万春圩图记》

万春圩的修建，是北宋时期我国水利建设工程上的一件大事，也是沈括平生治水事业的一大杰作。万春圩的建成，不仅减轻了芜湖地区老百姓的水患之苦，还大幅度地增加了农民的粮食收入。著名诗人杨万里曾赞颂这一民心工程，有诗曰：“圩田岁岁镇逢秋，圩户家家不识愁。夹路垂杨一千里，风流国是太平州。”万春圩修建完成后，沈括及时总结了修建经验，写下了《万春圩图记》等科学著作。

沈括撰写的《万春圩图记》，载于《长兴集》卷9，图虽不存，文字犹传。《万春圩图记》是我国流传至今的治水图鉴，也是我国记载修圩建堤的最早的历史文献，图记中的文字详细记录了万春圩的兴废历史、规划施工、经济效益等，尤其对嘉祐六年（1061）沈括等人修复万春圩的缘由、过程、结果，都有比较详细的记载，并为今后建设圩田提供了经验总结，对圩田的建设有着极大的指导和推动作用。沈括因地制宜、富于创见的治水思想，至今仍有借鉴意义。在当时皖南地区生产技术水平还比较低的条件下，沈括有如此的统筹兼顾、化解矛盾的胆识，实属难能可贵。

沈括修复万春圩的不朽功绩现今仍有迹可循。在沈括之后，经过一代又一代江南人民的努力，万春圩已是阡陌纵横、碧波微漾、绿影丛丛，当地人民安居乐业。万春圩于2001年经国家批准以二级堤防标准加固，为确保根治水患，万春圩也在芜当联圩加固工程治理范围内。2006年2月，万春圩划归芜湖市鸠江区管辖。

第三章　汴河兴利通南北

立国之命惟汴河

公元960年，北宋立国，建都于开封（时称东京）。东京城内有一条重要的河流——汴河。汴河，又称汴水、汴渠，自古就是一条重要的水路交通运输线。汴河以黄河为水源，是沟通黄河与淮河之间的水道，属于黄

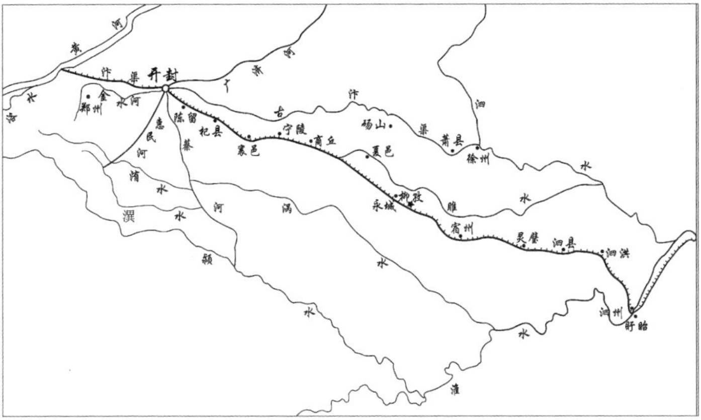

汴河沿线示意图（《通济渠安徽段的考古发现与研究述论》）

河水系的重要组成部分。汴河早在公元前364年魏惠王迁都大梁后，就已经开凿，时称鸿沟，汉代称蒗荡渠、莨荡渠，《水经注》中称渠水。隋炀帝时期，在汴水的基础上，修通了沟通黄河、淮河、长江、钱塘江四大水系的大运河。隋炀帝大业三年（607），“发河南诸郡男女百余万，开通济渠，自西苑引谷、洛水达于河，自板渚引河通于淮”。新疏凿的通济渠，是大运河中最重要的一段。唐宋时，名为汴渠或者汴河。

唐宋时期，汴河引黄河水自板渚（今河南省荥阳市汜水镇东北）向东南流，经汴州（今河南省开封市）、陈留、雍丘（今河南省杞县）、襄邑（今河南省睢县）、宁陵、宋州（今河南省商丘市）、谷熟（今河南省商丘市东南谷熟镇）、永城、宿州、灵璧、虹县（今安徽省泗县）至泗州东部（今江苏省盱眙县北洪泽湖一带），流入淮河。北宋时，定都开封，而此时全国经济重心已经南移，汴河成为沟通中原政治中心和江南经济重心的命脉，是维持北宋朝廷运转的生命保障线，在北宋东京城“漕运四渠”中的地位异常重要。

当时，出于加强中央集权的理念，宋太祖赵匡胤在建国之初采纳了赵普“稍夺其权，制其钱谷”的策略，

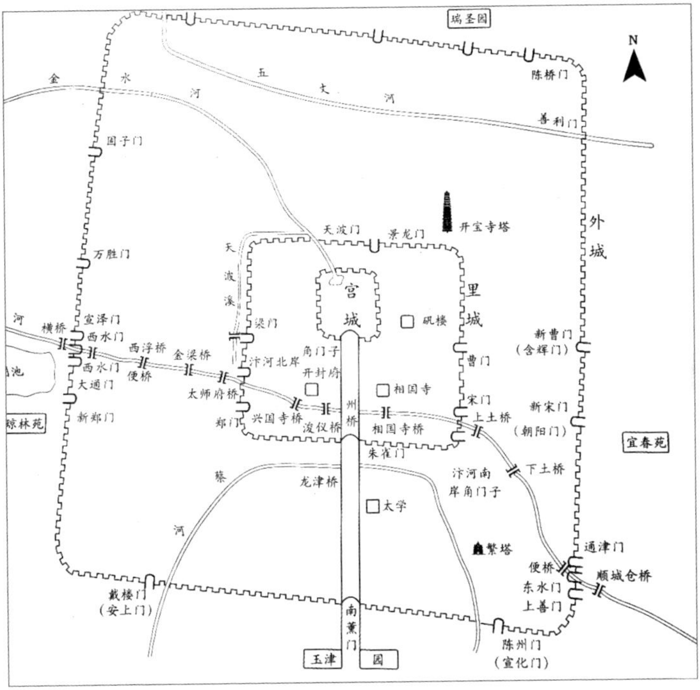

东京城内河流示意图

下令各地官府除正常开支以外的财物均须运送到京师东京，汴河作为水运命脉的重要性不言而喻。在当时，东京是“八方辐辏，万国咸通”的水陆大都会，全国各地的钱财、百货依靠汴河漕运抵达东京，汴河的漕运额度自北宋建国后逐年上升，在真宗天禧三年（1019）甚至高达八百万石。据《宋史》卷93《河渠志・汴河》记载：“岁漕江、淮、湖、浙米数百万，及至东南之产，百物众宝，不可胜计。又下西山之薪炭，以输京师之粟，以振河北之急，内外仰给焉。故于诸水，莫此为重。”由此看出，汴河保障了东京都城的物资供应，对于北宋王朝来说是立国之本。

当时北宋东京城除汴河外，还有惠民河（蔡河）、金水河、广济河（五丈河）三条河流，流贯东京城内外，以通各地漕运，与汴河合称漕运四渠。

惠民河以开封为中心，上下分为两个河段，上游河道称闵河，下游河道称蔡河。闵河后来改称惠民河，北宋末年蔡河亦称惠民河。蔡河最早为唐代李芃开辟，当时因汴州守将李灵耀反叛，汴渠上游被阻，李芃便循西汉蒗荡渠故道，开渠于陈、颍之间，名为蔡河，唐末堙废。五代时，后周世宗显德六年（959），又曾导汴水入蔡，重加疏浚，又称闵河。宋太祖建隆二年（961）正月，自新郑引洧水凿渠东北流经尉氏西、中牟东，流至东京城，史称闵河。自东京城南出与蔡河相接，至陈州（今河南省周口市淮阳区）东南注入颍水，而后又向东南至寿州（今安徽省寿县）入淮。到了开宝六年（973），开封以上所称的闵河，改称为惠民河，开封以下称蔡河。自陈州入颍水处因地势低洼，易泛滥成灾。北宋末年，完成蔡、颍分离的工程后，蔡河从陈州流至寿州，直接入淮。此时蔡河也泛称为惠民河了。

从荥阳黄堆山祝龙泉起，导京、索、须诸水东流，过中牟至开封城西，架渡槽于汴河之上，设斗门东汇于广济河，这条河道称为金水河。宋太祖赵匡胤于建隆二年（961）春，命陈承昭凿渠引水百余里，直抵都城，向东汇入五丈河。五丈河虽得到含沙量较少的金水河的补给，但金水河渡槽横绝于汴河之上，严重影响了汴河的通航。乾德三年（965），又引金水河水通入皇城，流经后苑内庭池沼。元丰五年（1082），终以导洛通汴工程的完成而罢废。

广济河，又名五丈河，早在唐载初元年（690），曾利用汳、菏等水故道，凿“湛渠”以通曹、兖诸州。五代时，后周世宗显德六年（959），因此水道年久堵塞，便重新疏浚，以便船只通行。两年后，宋太祖建隆二年（961）正月，朝廷派遣官员从开封向东北开渠，历曹（今山东省菏泽市南）、济（今山东省巨野县）、郓（今山东省东平县）三州，注入梁山泊，以通齐、鲁漕运。此河主要承担东京城东北方向的漕运，但漕运量不大。这条河因自汴河分出，不仅水源不足，而且受汴河泥沙注入所困，至元、明以后，逐渐淤塞，不通舟楫。

上述漕运四渠经宋初疏浚和开凿后，形成了以东京城为中心的水运交通网。《宋史·河渠志》载：“有惠民、金水、五丈、汴水等四渠，派引脉分，咸会天邑，舳舻相接，赡给公私。所以无匮乏，唯汴水横亘中国，首承大河，漕引江、湖，利尽南海，半天下之财赋，并山泽之百货，悉由此路而进。”但金水河主要作用是供给广济河水源，兼运输京西木材入都城，并无正式漕运之利。其他三渠则为东京经济命脉所系，汴河是北宋政府获取江淮财富的主要运输线，惠民河南通陈、颍一带，广济河通齐、鲁一带，因此，时人又将汴、惠民、广济三河连同漕引陕西诸州物资的黄河，合称为“漕运四河”。

疏浚汴河良策多

汴河在北宋的地位独特，为了保证汴河航运的畅通，北宋一直采取“专恃河水灌汴”之策，引黄河水入汴河，保障水流的稳定和充足。黄河穿行黄土高原时，携带大量泥沙流至下游，到达京师东京一带，地势变缓，黄河水没有了之前强大的搬运动力，泥沙在这里沉积，日复一日，河道逐渐淤塞，渠水变浅，河床逐年升高，直接影响运河的通航能力。因此，修浚和治理汴河在北宋显得尤为迫切，成为北宋历代皇帝朝臣们普遍关注的问题。毫不夸张地说，北宋对汴河治理的重视程度远远超过任何一个朝代，翻阅北宋文献时不难发现，字里行间都流露出宋人对于汴河以及汴河治理的关注和担忧。

北宋治理汴河基本上沿用传统的土方施工方法。北宋初年，官员会在每年春天征用京师周围县镇的民夫，采取人工清挖的方法清理淤积。北宋开挖技术相当规范，一般在春季泥土解冻后开挖。在当时治河技术有限的情况下，每年常规性的人工清理淤泥，是相当有效的办法，可使汴河淤积程度得到控制。这种每年一清理的制度在宋初执行较为严格和规范，随着时间的推移，这一有效的制度逐渐松懈，甚至遭到严重破坏。真宗大中祥符三年（1010），负责辅佐皇帝朝会、赞谒礼仪的阁门祇候谢德权主管京畿河渠的治理。他擅自调用汴河清淤的民夫维修京师的地方沟渠。自此，宋初规定的汴河一年一浚制改为三年一浚制。同时，谢德权还将汴河统一疏浚改为地方分段管理，主管官员由地方官兼任。由于地方官员疏于职守，三年一浚制也未能认真地施行下去。仁宗天圣二年（1024），新任阁门祇候张君平在奉旨视察了汴河沿线的部分州县后，开始重新疏浚汴河。施工整整花费了三年的时间，可见工程量之大，汴河淤积之重。

北宋政府处理汴河淤积，除了采用传统人工清淤的方法外，还独创了狭河工程。狭河工程利用河水自身的搬运能力冲刷河床内的泥沙淤积，采用木桩、木板、枝条为岸，以狭河身，加大水流速度，带走更多的泥沙，是清理河床的另一种有效办法。在宋代，曾经三次利用狭河技术来提高汴河流速，冲刷淤积，为后世“束水攻沙”提供了可资借鉴的宝贵经验。

为了避免雨季黄河水外溢，汴河泛滥，宋人在清理淤积的同时也在加强防汛，以水位观测的方法进行预防，这种方法在宋代已经普遍应用，而且技术已经达到高峰。北宋在汴河的重点河段设立水尺预防观测，以六尺为深，经常派官吏丈量汴河的深度，并设有专兵，称为“防河兵”。同时建立了在情况危急时可以动用中央

清明上河图中的汴渠（北京故宫博物院藏）

禁军的制度。宋人密切关注水位的涨落，根据水位涨落的情况采取不同的防范措施，以确保京师的安全和漕运的畅通。对水位的高低，宋人一直保持着高度的警惕，不敢掉以轻心，这使得在汛期来临时，能有相当充足的准备来应付突如其来的洪水。

防汛的另一个方法是通过人工控制汴口的宽度来调节进入汴河的水量，分减洪水，汴口即引黄河水进入汴河的进水口。此外，为了加强堤防防护与维修，北宋还制定了严厉的法令，对于不修堤防和偷盗堤防致灾的行为都有严格的处罚规定，以维护汴堤，确保安全。沿堤植树也是防护河堤的重要措施，即利用榆、柳的根须将堤岸和土基固定在一起。

蓄水助运也是宋代治理汴河的重要措施之一。宋代的蓄水建筑物称水匮、水柜或塘。一般是在水源不足的河段，利用天然或人工湖泊贮蓄水量，以补足汴河航运用水。

北宋治汴技术的进步和成熟为长期、有效、大规模整治汴河提供了技术上的保证。

汴河淤堵患频现

由于汴河泥沙淤积，河床逐渐升高，只能通过加高、加固堤防的方式来维系漕运，这些办法不能使汴河维持长时间的畅通。同时，随着汴河河床的升高，其他的清水小河再也无法汇入河道，汴河失去了挟沙力较强的清水，更为严重的问题产生了。

宋太祖时，就开始对漕渠进行疏浚，“汴都仰给漕运，岁调丁夫浚河，粮皆自赍”。此时汴河河床较低，京城附近的小河流都能够流入汴河，此外，汴河还可以用来排泄积水。但从仁宗天圣三年（1025）到仁宗庆历八年（1048）这段时间，就是沈括在《梦溪笔谈》中所言的“久之，治沟洫之工渐弛，邑官徒带空名，而汴渠至有二十年不浚，岁岁堙淀”的时期。汴河疏浚工程逐渐废弛，这期间地方官员玩忽职守，致使汴河二十多年没有疏浚，泥沙逐年沉淀，河床不断升高。

庆历七年（1047）九月，发运使柳灏认为汴河下游

小贴士：发运使

唐宋时期掌管物资运输，兼管财货的官员称为发运使。唐玄宗先天二年（713）开始设置，掌转运粟米，以供给京都，到了宋代继续设置该官职。宋初有京畿东路水陆发运使，后专掌淮、浙、江、湖六路漕运。发运使下设有副使、判官为副职，或仅置副使，不置使，或称制置发运使、都大发运使、都大制置发运使等，掌经度山泽财货之源，兼制茶盐。南宋初，发运使废置不定，南宋绍兴二年（1132）废除。发运使官署称发运使司，也称发运司，先后于开封、真州、泗州等地置司。北宋历史上不少名臣如许元、蒋之奇、范纯礼、张商英等都曾担任过发运使一职。

本身就因为流速减缓，容易淤积泥沙，在长期没有进行疏浚之后，已经产生了严重的淤积。又由于淤淀，汴河储水能力下降，每有长期降雨，就会导致汴河水溢出，危害河道周围的农田。面对这种情况，如再不加治理，汴河漕运就难以维系，柳灏因此请求每两年疏浚一次，宋仁宗听取了他的建议。

对汴河进行两年一疏浚之后，河患问题还是不断出现。皇祐二年（1050），“命使诣中牟治堤”，命令官员在中牟治理汴河堤岸。皇祐三年（1051）五月，三司请求设置河渠司，专管治理黄河和汴河。在设置河渠司之后的同年八月，汴河就出现了“河涸，舟不通”的危机。每年此时应是汴河水量最为充足的时候，但是却出现干涸的危机，说明汴河的淤积已经非常严重，干涸比决溢对汴河漕运的影响更大，宋仁宗不得不开始重新制定疏浚汴河的政策。九月，“又诏三司河渠司，汴河每年一开浚之”，下令汴河每年疏浚，但是在宋廷重新恢复每年疏浚汴河之后，汴河的淤积问题仍然没有得到很好的解决。

熙宁六年（1073），宋神宗与王安石谈论起汴河的现状。皇上说：“听闻都城内有石碑上写着沟渠水在此之前都能够流入汴河，那么汴河河床从什么时候开始变得这么高了？”王安石说：“现今河流的河沟都非常深，汴河河沟更低，但现在从相国寺望汴河，汴河的淤积物几乎和屋檐齐平，可见汴河河床变高并没有多长

王安石像（《社会历史博物馆》）

时间。”皇上又说：“汴河已经流淌了很长时间了，为什么最近河床逐渐变高了呢？”王安石回答说：“以前东京城不是都城，各种清澈的小河能够注入汴河，带走泥沙，所以泥沙不会大量淤积。但在东京城建都以后，为了漕运顺畅，专门引黄河水注入汴河，其他的河流不汇入了，泥沙逐渐淤积。”

沈括在《梦溪笔谈》中记载，出了京城，从东水门看到汴河的情形是：“京城东水门下至雍丘、襄邑，河底皆高出堤外平地一丈二尺余。自汴堤下瞰民居，如在深谷。”京城东水门下至雍丘、襄邑一段，河底高出地平线许多，自汴堤向下看，民居像是在深谷之中。汴河已经成为“悬河”，经历了从“水行地中”到“水行地上”的过程。可见此时汴河淤积已经十分严重，极易发生决堤的风险。

神宗时期，不仅是汴河河道泥沙淤积严重，汴河减水河也淤积严重，减水河即人工开凿用来控制水势的河道。熙宁六年（1073），汴河堤岸司言：“汴水增涨，京西四斗门不能分减，致开决堤岸。今近京惟孔固斗门可以泄水下入黄河。若孙贾斗门虽可泄入广济，然下尾窄狭，不能尽吞。宜于万胜镇旧减水河、汴河北岸

小贴士：开封悬河

黄河下游郑州到开封段由于泥沙淤积，河床平均高出两岸地面3—5米，形成“地上悬河”的独特景观，可谓“河从屋顶过，船在空中行”。开封段悬河为最典型，其位于开封市北10千米处黄河南岸的柳园口，河面宽8千米，大堤高约15米。由于黄河冲出郑州邙山后，进入平原，落差骤然变小，泥沙大量沉积，致使开封段的黄河河床逐年增高，日积月累，此处的河床已高出开封市区地平面7—8米，最高处达10米以上，从而导致了两岸大堤不断升高。因黄河被两岸大堤夹护着从开封城北高处汹涌流过，形似天河，因此世人将这种人工奇观称为“悬河”，果然有黄河之水天上来的磅礴气势。

修立斗门，开淘旧河，创开生河一道，下合入刁马河，役夫一万三千六百四十三人，一月毕工。”由于汴河涨水，东京城内用于分减洪水的斗门也不能起作用，以至于堤岸决口。京城内只有孔固斗门可以分减汴河水，流入黄河。孙贾斗门分减汴河，流入广济河，但下水处狭窄，不能够将暴涨的汴河水排泄完，汴河堤岸司请求在万胜镇旧减水河、汴河北岸新开一个斗门，开淘旧河，再开一条新的河道，分减汴河水入刁马河。雇佣农夫一万三千六百四十三人，一月之内完工。

汴河河道淤积严重影响汴河漕运，汴河漕运是京师东京的主要供给线，淤塞导致正常航运无法得到保证，一年中汴河通航的时间只有二百多天，船只在河上航行也十分艰难。黄河夏涨冬枯，流量也不稳定，经常发生

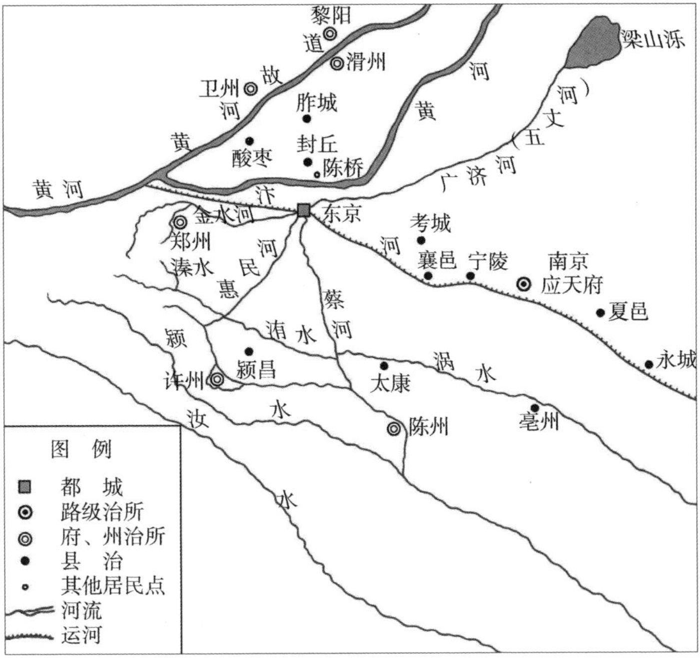

开封附近河流示意图（《试论汴河对古代开封城方向的影响》）

决堤溢水的情况，引黄河水的汴河也深受其害，时常泛滥，使得民众受灾。汴河暴涨，水流湍急，也有民众随流而下，失足落水而亡。

由此可见，汴河疏浚治理迫在眉睫。沈括治理沭水和修复万春圩体现出来的才能和卓见，使得他成了勘测和修治汴河的不二人选。

第四章　奉旨勘测治汴河

支持农田水利法

熙宁二年（1069），宋神宗任命王安石为宰相，开始推行新法，王安石在革新变法过程中，抵制兼并，减轻赋税，兴修水利。新法的具体内容有农田水利法、青苗法、均输法、保甲法、免役法、市易法、保马法、方田均税法等。

农田水利法的主要内容是鼓励各地开垦荒地，兴修水利，增加粮食生产，从而达到增强国力的目的。农田水利法内容中有："应逐县并令具管内大川、沟渎行流所归，有无浅塞，合要浚导，……所有大川流水，阻节去处，接连别州、县地界，即如何节次寻究施行，各述所见，具为图籍，申送本州。"农田水利法掀起了一个群众性的、持续的水利建设高潮，调动了不同阶层的人兴修水利的积极性。不管是官吏、农民还是商人，都

小贴士：王安石变法

王安石变法是北宋宰相王安石所发动的一场目的在于去除国家积弊的改革，因在熙宁年间举行，又称熙宁变法。熙宁元年（1068），神宗将在江宁做官的王安石召至京城，咨询治国之策。第二年，便任命王安石为宰相，主持变法，以图富国强兵，改变积贫积弱的现状。王安石感念皇帝知遇之恩，也拿出“天变不足畏，祖宗不足法，人言不足恤”的大无畏精神推行了均输法、青苗法、农田水利法、免役法、市易法、方田均税法、保甲法、置将法、保马法等一系列新法。

王安石的改革措施效果显著，在增加政府收入的同时，一定程度上减轻了老百姓的负担，缓解了统治危机。但是变法直接损害了地主官僚们的利益，他们处处阻挠，反对变法。王安石遭到排挤，两次被罢相离京，后不复用。王安石变法持续了十六年，至元丰八年（1085），神宗去世后，元祐元年（1086）司马光还朝主政，新法除了置将法之外全部废除。至此，王安石变法以失败而告终。

因积极进言水利而被召至朝廷。据史料记载，王安石变法期间，开展了疏浚河道、淤泥造田、兴修湖陂、开垦荒地等大小工程一万多项，使三十六万多亩农田得到灌溉，有力地促进了农业生产的发展。

汴河水利建设是农田水利法中的一项极其重要的工作内容。对于汴河，王安石也深知这一漕渠的重要性，他在《和吴御史汴渠》诗文中写道："维汴亦如此，浚源在淫荒。归作万世利，谁能弛其防。夷门筑天都，横带国之阳。漕引天下半，岂云独荆扬。货入空外府，租输陈太仓。东南一百年，寡老无残粻。自宜富京师，乃亦窘盖藏。"从王安石的诗文中可以看出他对汴河治理与漕运的重要作用有着清醒的认识。

在支持变法的革新派看来，东京城是变法运动的中心，汴河漕运运行不连续，人心不稳，变法在各地的推行难免底气不足。据《宋史》卷93《河渠志·汴河》记载："故国家于漕事，至急至重。然则汴河乃建国之本，非可与区区沟洫水利同言也。"说明国家对于漕运十分看重，汴河更是立国之本，各种沟渠河流不能与其相提并论。治理汴河成了推进变法的重要工作，治汴工程自熙宁二年（1069）开工后，取得了一定成效，但屡遭守旧派的强烈反对。

守旧派认为汴河疏通后会淹没河道周围的农田和房

屋，新修的淤田如果贫瘠也可能引发民众不满，生出事端。革新派和守旧派各执一词，皇上便派沈括前去考察汴河，后做定夺。

小贴士：淤田

淤田是农田水利建设的一个重要方面。主张淤田法的革新派引用《汉书》中的记载：“泾水一石，其泥数斗，且溉且粪，长我禾黍。”这里所说的“粪”，就是指淤田。

王安石变法的第二年即熙宁三年（1070）开始大力推行淤田法。王安石首先在汴河两岸试行了淤田法，方法是将河底下沉积的淤泥，利用伏秋两季大汛期决堤放水的办法，冲到两岸的盐卤地上，借以改良土质，增加粮食产量。王安石变法两年来，反对变法的守旧派认为淤田法没有用，没有益处，又说淤田法劳民伤财，又说决堤放水会冲毁民宅，引起社会矛盾等等。因此，在朝廷上关于淤田法的争论非常激烈。沈括视察汴河两岸的淤田法实施进展后对神宗说：“过去的盐卤地根本不能耕种，改成淤田后，去年小麦都获得了丰收。”神宗听了沈括的话后，开始广泛地推行淤田法。五年后，汴京附近开垦良田九千多顷，多收获了千万石粮食。沈括对淤田法的实施起到了巨大的作用。

沈括深知肩上的责任重大，能否顺利对汴河进行疏浚，直接关系着京师的安危和新法推行的成败。他不仅积极推行王安石的农田水利法，而且亲自参加实际勘察，利用自己在数学、地形测量等方面的知识和早年治理沭水积累的治水经验，对汴河的水流急缓以及两岸的地势高低、河床深浅等进行了考察。沈括从治汴的历史和现状出发，说明了治汴工程的必要性，从而有力地支持了变法，并据此制订出了详细而具体的疏浚方案，交沿河各地具体实施。

沈括将整个工程分为三个阶段：第一阶段，全力疏通汴河，把多年沉积的淤泥挖出来；第二阶段，用挖出的污泥改造盐碱地；第三阶段，截断污浊的黄河水，引清澈的洛水到汴河，使淤积永远成为历史。他亲自组织，细心监督，仔细验收，很快疏通了汴河，大片的盐碱地变成了良田，引洛水入汴工程在沈括疏浚汴河的基础上由后人完成。

独创“分层筑堰法”

沈括对汴河进行了勘测，在测量汴河地势时，创造了“分层筑堰”的办法，准确测出了汴河地势的实际高差。这是沈括在汴河治理中颇具智慧的一项举措。沈括的测量工作，对日后汴洛运河的修成起到重要的作用。

《梦溪笔谈》详细记录了他所使用的测量之法：“验量地势，用水平、望尺、干尺量之，不能无小差。汴渠堤外，皆是出土故沟，予因决沟水令相通，时为一堰节其水，候水平，其上渐浅涸，则又为一堰，相齿如阶陛。乃量堰之上下水面相高下之数会之，乃得地势高下之实。”

“分层筑堰法”是将汴河分成许多段，将旧有沟渠从高到低筑成堤堰，利用汴河堤外过去取土后留下的旧沟，将小沟全部挖通，挖成一个与汴河平行的小河道，往里灌水，将水积蓄起来。当水面平稳后，小沟上游地势较高的地方就会干涸，在干涸的地方筑一道横截小沟的堤堰，再往堤堰上面那一段小沟里灌水，一直灌到水面与堤面的高度一致为止，再在上游的浅涸处筑堰横截小沟。每级之间的水面都是水平和静止的。这样不断地反复筑堰，一直筑到东京城上善门附近，然后利用水平面分别量算出各段之间的高差，将其高度相加，即得到总高差。据《梦溪笔谈》卷25记载，沈括以“分层筑堰

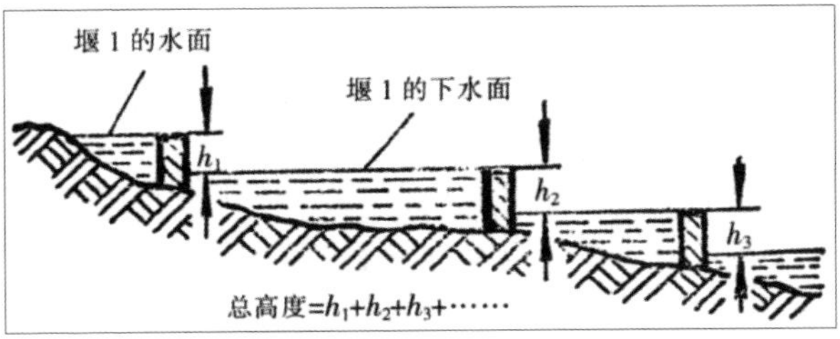

分层筑堰测量水准高度示意图（《安徽大农业史述要》）

法”测得东京到泗州之间地势高度相差十九丈四尺八寸六分，其中单位竟然精确到了寸分。

宋朝已普遍使用“水平”（水准仪）、“望尺”和“干尺”等仪器来测量地势的高低。沈括进行实地勘察，他同淤田司提陈同升背着水平仪、望尺、干尺等测绘仪器，亲自丈量了汴河从东京上善门到泗州淮河的距离，共八百四十里一百三十步。沈括将测量的结果用面糊木屑制成立体模型。当这创造性的模型展现在大臣们面前时，反对派们哑然了，京师危在旦夕的情形一目了然，于是整治工程获准实施。这在世界水利史上是一大创举。

沈括善于学习，注重总结，他运用人民群众在长期农田水利建设实践中积累起来的地形测量、开河筑坝等经验，因地制宜，利用了测量旧沟阶梯水面高度差后叠加的“分层筑堰法”，创造了被他称作“隙积术”和“会圆术”的数学计算方法，这是中国科学发展史上首次运用高阶等差级数求和。以此方法计算土石方量并测量汴河河道地形，得到了相当精确的水准高度数据，科学掌握了疏浚汴河的第一手资料。他这种测量方法，在此前世界上从无先例，属于首创。这种既能作平面水准测量，又能作地形测量的“分层筑堰法”，具有较高的测量精度。

竺可桢在评价沈括首创的这一测量地形的方法时说：“括之测量，不但为平面测量，而且为地形测量。其量地面高下之法，虽不尽善，但苟所筑之堰，极为平直，当不致有大差误。其所用之尺，虽未必精密，但计高度至于分寸，可见其行事之不苟且。欧洲古代，希腊虽曾测海岸之远近，罗马盛时亦有测量街道之举，但地形测量在括以前则未之闻。”据考证，国外最早的地形测量是俄国于1696年开始的顿河测量，这比沈括要晚600余年。

1072年，沈括奉命治理汴河水道，并测量汴河，为后来“导洛通汴”工程打下了坚实的基础。元丰二年（1079）工程竣工后，汴河水道重新沟通了京、洛和东南的河运。据《续资治通鉴长编》卷297注记载：“江淮扁舟四时上下，昼夜不绝，至今公私便之。”显示了沈括这次测量工作的价值。

助推“导洛通汴”

沈括对汴河的测量成果，对后来导洛通汴的设计和修筑起着重要的作用。在沈括治理汴河之前就有人提出导洛通汴工程。导洛通汴就是将清澈的洛水引入汴河，以期解决汴河河道堵塞的问题，由于洛水比较清澈，此项工程又称清汴。

鉴于引黄河水为汴河水源的种种弊端，皇祐年间（1049—1053），郭谘建议“自巩西山七里店孤柏岭下凿七十里，导洛入汴，可以四时行运”。从巩义孤柏岭向下至洛河开凿七十里河道，将洛水引入汴河，这样汴河就可以四季通航。但由于工程量巨大，需要耗费大量的人力物力，朝廷认为“黄河啮（侵蚀）广武山，须凿山岭十数丈，以通汴渠，功大不可为”，即以此项工程需要凿山为由，搁置了该建议。熙宁四年（1071），汴河持续淤积，河道堵塞，王安石再次建议导洛通汴，尽

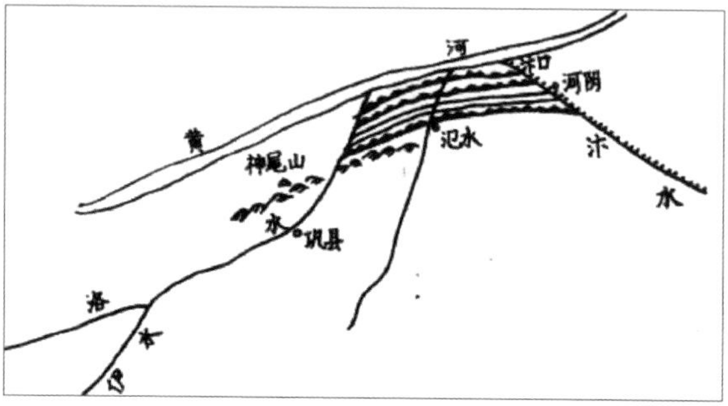

导洛通汴示意图（《京杭运河工程史考》）

管后来沈括进行了实地测量，但导洛通汴工程仍遇到极大阻力，未通过决议。

熙宁十年（1077）七月，“黄河暴涨，水落而稍北，距广武山麓七里，退滩高阔，可凿为渠，引洛入汴”，黄河河水暴涨，在广武山附近河道北移，这意味着导洛通汴工程可以避开广武山而在黄河右岸的嫩滩上修造，为导洛通汴工程扫清了障碍。因此，元丰元年（1078）五月，西头供奉官张从惠继王安石之后，再次建言导洛通汴。朝廷采纳了他的意见，派遣都水监丞范子渊实地勘测自河阴县西至洛口的地势，这里的地势西高东低，洛水可顺流而下引入汴河，导洛通汴工程可行。元丰二年（1079），神宗“命用臣经度，以杨琏往”。宋神宗十分重视此事，遣人经过实地测量和多次考察后，设置专门机构堤岸司，任命宋用臣为都大提举，主持导洛通汴，正式兴建导洛入汴工程。

这项工程自任村沙谷口穿渠，引洛水东经广武山北，至河阴县（今河南省郑州市西北）瓦亭子接汴河，北通黄河，南接运河，全长五十一里，占官私地二十九顷。工程在引河两岸筑堤，总长一百零三里，引洛水入新口斗门，通流入汴，同时，堵塞了引用黄河水的旧汴

小贴士：宋用臣

宋用臣，字正卿，开封人，为人精思机敏，成年后因父亲在朝廷任职受恩荫在内省任职。神宗时期，宋用臣参与了建造东、西府，筑京城，建尚书省，起太学，立原庙，导洛通汴等大型工事，是著名的建筑家和水利工程专家。

为了根本改善汴河航运条件，郭谘、王安石等人奏议引洛水入汴，但均因种种原因搁置。元丰元年（1078）五月，西头供奉官张从惠再次建言导洛通汴，朝廷派遣都水监丞范子渊实地勘测后认为导洛通汴工程可行。元丰二年（1079），在进行多次勘测后，朝廷设置专门机构堤岸司，任命宋用臣为都大提举，主持兴建导洛通汴工程。宋用臣也因倡议、总督这一工程而在中国水利史上留名。

口。这项综合的大型水利工程从元丰元年（1078）五月提出初步规划到次年正月调查，三月建立施工机构，四月动工，六月渠成，七月闭口通航，仅用了十四个月的时间，是北宋水利工程杰出的代表作。工程高质量高效率的实施充分印证了北宋水利技术的高超。工程完成后，仅仅四五年时间，就取得引水淤田一万七千多顷的显著成绩。这既促进了农业发展，又使得百姓切实体会到了变法的直接好处。沈括实测汴河的测量工作，对导洛通汴起到重要的作用，既畅通漕运，又肥沃了两岸的田地。

导洛通汴后，汴河治理取得巨大突破，汴河航运也取得良好的经济效益。由于洛河水含沙量低，进入汴河的泥沙比先前大为减少，黄河水带来的泥沙被冲淡，清澈的洛水使得泥沙淤积速度变慢。导洛通汴后，汴河再也不受黄河凌汛的影响，漕运通航时间变长，漕运的次数增多，经济效益提升。此外，引洛水后水流平稳，船只行船比较安全，精简了随船出行人员，漕运成本减少。

元祐年间（1086—1093），太皇太后高氏垂帘听政，朝廷全面废除新法，大力打击革新派。因导洛通汴

以《清明上河图》为蓝本建造的清明上河园

工程是王安石变法的成就之一，遭到守旧派强烈打击。元祐元年（1086）十月，朝廷废止补充汴河水源的中牟、管城等县水柜。元祐四年（1089）冬，御史中丞梁焘请求朝廷废止导洛通汴工程。守旧派认为，引洛水入汴后，黄河失去了重要的分水渠道，原来汴河可分其三分之水，但洛水只能分其一分之水，这样就导致黄河水无处发泄，屡次决口。洛河水源不足和暴涨暴落也对汴河航运不利。元祐五年（1090）十月，朝廷全盘否定导洛通汴工程，重新引黄河水入汴河，至此清汴工程运行了十一年。

绍圣元年（1094），哲宗亲政，再次启用革新派，继续推行新政，并于绍圣四年（1097）重开洛口，引洛水入汴河，清汴工程恢复。元符元年（1098）六月，废弃的部分水柜也恢复了使用。直到北宋灭亡，洛河都是汴河的主要水源。

第五章　南下两浙兴水利

奉命南下两浙

两浙路（浙东、浙西）是北宋时期的一个地方行政区，设置于至道三年（997），治所设在杭州，辖有十四州二军：常州、苏州、润州、杭州、湖州、秀州（今浙江省嘉兴市）、越州（今浙江省绍兴市）、明州（今浙江省宁波市）、台州、婺州（今浙江省金华市）、衢州、睦州（今浙江省建德市）、温州、处州（今浙江省丽水市）和江阴、顺安二军。相当于今天的浙江省全省和江苏省长江以南的大部分地区。

北宋时期，两浙路是北宋经济和人口最发达的一路，也是宋代粮食生产的主产区，但两浙地区的水利工程因自然灾害和年久失修而破败不堪，损毁严重。水利工程事关重大，不能忽视，特别是在熙宁四年到六年间（1071—1073）两浙地区水患不断，给当地的农业生产

郏亶像（《吴郡名贤图传赞》）

造成较大的破坏。

熙宁六年（1073）五月，在沈括治理汴河的时候，杭州于潜县县令郏亶上奏朝廷，称“苏州环湖地卑多水，沿海地多干旱”，浙西地区诸州水患，河道又久不疏浚，堤防多数都被废弃掉了，希望朝廷能派遣水利专员前去治理督导。

当时主持变法大局的王安石在同神宗讨论此事时，

小贴士：郏亶

郏亶，字正夫，北宋昆山人，农民出身，自幼勤苦用功读书，熙宁时，先后两次上书论太湖水利，提出蓄泄兼施、整体治理、“治高田，蓄雨泽”，以及“治低田，浚三江”的治水治田相结合的方案，深为王安石赞许。熙宁五年（1072），官至司农寺丞，主管兴修两浙水利。熙宁六年（1073）因政事处理不当被罢任。元祐年间授太府寺丞，出任温州知州，后授比部郎中一职，但未至便病死于温州，年六十六。著有《吴门水利书》等。

再次向神宗力荐沈括出任两浙察访使。宋神宗问王安石："此事必可行否？"王安石说："括乃士人，习知其利害，性亦谨密，宜不妄举。"神宗知道沈括精通水利，便同意了王安石的建议，任命沈括为浙江相度官。"相"是"视察"，"度"是"处理"，相度官相当于后世的钦差大臣。

沈括于该年六月十六日前往两浙考察水利，出任两浙察访使，相度两浙农田，主持两浙路水患治理，修建水利设施，顺便检查两浙路的新法推行情况。

沈括刚到两浙，就马不停蹄地到各地了解实情，走遍了山山水水，考察当地的农田水利建设情况。在实地考察的基础上，对于在苏州等地兴修水利一事，沈括从当地的自然环境以及百姓的生活现状出发，向朝廷陈述了兴修水利的必要性。

在一份上报神宗皇帝的奏折中，沈括陈述了在苏州、秀州等地兴修水利的重要性："苏、秀等州湖水耗减，泾浜多浅涸者。岁比有年，民力饶裕，易于兴工。乞至本路先计度今年一料夫役。若一料先毕，则处置规画皆有成法。又民间晓然知其为利，次年乐于趋役。""浙西诸州水患久不疏障，堤防川渎多皆堙废，今若一出民

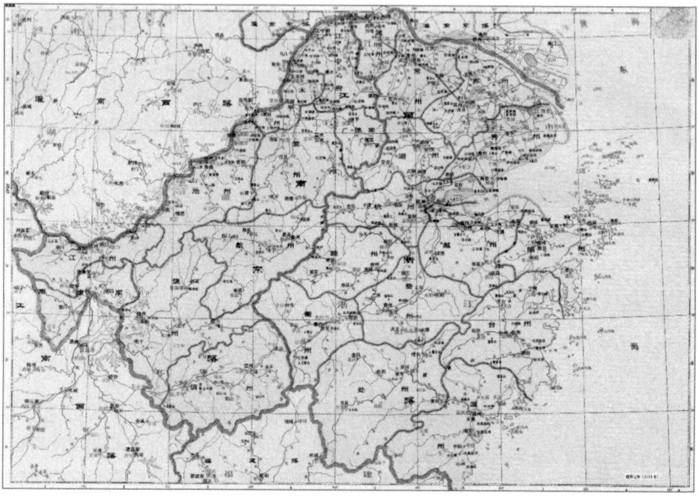

两浙路（《中国历史地图集》）

力，必难成功。乞下司农贷官钱，募民兴役。”

在奏章中，沈括首先指出苏州、秀州等地湖水减少，河流干涸，而浙西地区常受水患侵袭，很久都没有疏通，堤岸大多荒废，因此兴修水利工程已经成为迫在眉睫的事情，必须加紧实施。其次，在民夫的征调问题上，沈括主张由国家拨款，募民兴役。由于修渠筑堤工程浩大，需要调用大量的人力和物力，参加修筑的民夫若从民户中抽调必然会加重百姓的负担，难免积累民怨，不利于整个工程的实施，也会引发社会的动荡。郑亶的失败就是前车之鉴。再加上当时两浙路的常州、润州等地普遍遭遇旱灾，大批饥民正需要国家的救济。于是沈括再次上疏朝廷：“常、润二州岁旱民饥，欲令本路计合修水利钱粮，募阙食人兴工。”由国家出钱雇募那些饥民来兴修水利，既可以避免加重民户的负担，又能达到救助饥民的目的，还可以确保水利工程的兴建，从而造福一方百姓。沈括的这一建议得到了宋神宗的赞同。

相度两浙农田

尽管当时朝廷上下反对兴修水利的人不少，然而在沈括的坚持与努力之下，苏、秀等地水利工程的修建工作顺利展开。在常、润二州，沈括说服百姓，采取“以工代赈”的方法招募饥民兴修水利；在苏、秀二州开浚松江，指导将松江由太湖至大海一段河道进行疏通开浚；在温、台、明等州，修建堤堰，保护东部临海的田地，并围垦近海扩大耕地。这些水利工程所用经费，除民间自筹外，还动用了农田水利法筹集的“陂湖遗利钱”，确保了工程规模和质量，对两浙地区农业生产的发展带来了深远的影响。

沈括根据温州、台州、明州等地东临大海的地理特点，在东海的滩涂地带建造堤堰，围海造田，取得了较好的经济效益。沈括还发现两浙地区粮价波动很大，谷贱伤农而谷贵又容易引发饥荒，引起社会不安。在沈括的建议下，朝廷在两浙路实行敛散法，建立多处粮仓，用以调节粮价，保护农民生产的积极性。两浙地区盛产丝绸，朝廷规定的每年需上供帛达九十八万匹，后来又增加预买绸绢十二万匹，百姓不堪重负。沈括体察到百姓的难处，便竭力向神宗进言，免去了两浙地区十二万匹的新增科税，减轻了农民的负担。

倡改两浙建制

两浙地区一面临海，地域辽阔，地势复杂。监司官员受人力以及环境的限制，往往只是在浙西地区按察，浙东地区已经很久没有官员前往巡视，导致这里的州县吏治弛废。针对这一现状，熙宁七年（1074），沈括又提出了改革地方建制的大胆设想，建议将两浙路分为浙东、浙西两路，各置转运使、提举常平官以及提点刑狱公事等监司官，以便于朝廷对整个两浙路更好地管辖。

小贴士：常平敛散法

常平敛散法，即青苗法，亦称常平给敛法，王安石变法推行的新法之一。因对常平仓进行改革，故又称“常平新法”。宋初在各地设置常平、惠民等粮仓，用以调节粮食供应，但收效不大。熙宁元年（1068）各路仓库积存钱粮一千五百余万贯石。在熙宁二年（1069）春天实行青苗法，各个州、县民户都可以在每年夏秋两收前，向当地官府借贷现钱或粮谷，补助耕作，支持收种生产，称青苗钱。借户贫富配搭，十人为保，互相监督。贷款数额依民户资产分为五等，一等户每次可借十五贯，末等户一贯。春夏两次所借与当年夏秋两税一同在该年六月和十一月归还，每期收取二分利息，实际利息更高一些，达三四分。立法本意，是为了“使农人有赴时趋事，而兼并不得乘其急”。该法初行于河北、京东、淮南三路。因有收取重息等弊，遭到守旧官僚的反对。元祐元年（1086）废止。

沈括在奏疏中指出：“察访浙东台、温等州，自熙宁四年以后，监司未尝巡历，州县事废弛无人点检。盖监司止在浙西乘船往来，文移旁午，指挥不一，州县莫之适从，远民无所赴诉，近郡困于将迎。欲乞以浙东、

浙西及转运副使、提点刑狱、提举官六员，分为两路：杭、苏、湖、润、常、秀、睦七州县为浙西路，置转

小贴士：宋代四司

宋代地方推行三级行政建制，于州、县两级之上设路，以总领三百余州军。在路级设置转运司、提点刑狱司、提举常平司与安抚司四大常设机构。在职能上，有较为明确的分工，“婚田、税赋属之转运，狱讼、经总属之提刑，常平、茶盐属之提举，兵将、盗贼属之安抚”。宋代始终坚持贯彻以转运司为主体的地方行政、监察体制，路作为地方最高一级行政建制分为转运司路及帅司路两种类型。前者负责一路行政，后者负责一路军政。提点刑狱司与提举常平司分割了转运司在司法、赋税等方面的事权。神宗元丰元年（1078）以前，同一地区，提点刑狱司路、提举常平司路与转运司路的辖区是完全一致的。后来，提点刑狱司与提举常平司为了有效地履行自己的职能，将辖区过大、事务繁重的京东、京西、河北、陕西、淮南、两浙等路再细分为东、西两路或南、北两路。因此，在这些地区，提点刑狱司路、提举常平司路的辖区与转运司路是不一致的。

运、提举于杭州，提点刑狱于润州；越、明、婺、温、台、衢、处七州县为浙东路，置转运、提举于越州，提点刑狱于温州。”

宋神宗像（台北故宫博物院藏）

宋神宗对这项旨在改革地方建制、整顿吏治的建议给予了充分的肯定，他采纳了沈括的建议，下诏分两浙路为东、西两路。然而这项决定只执行了半年，同年九月，浙东、西两路又合而为一。到了熙宁九年（1076）五月，神宗再次下诏分两浙为两路。第二年五月，又再次合为一路。之所以会出现分合不定的情况，是由于士大夫们认为“财赋不可分”，行政建制上的分离比较容易做到，而财政上的分离却十分困难。但无论如何，沈括对两浙地方建制的改革，在整顿吏治、加强管理方面还是起到了一定的成效。到了南宋以后，朝廷再次颁诏分两浙路为东、西两路，具体的划分情况与沈括的建议基本吻合。

沈括在察访两浙路期间积极兴修两浙水利，体察民情疾苦，倡导改革地方建制，得到了宋神宗的肯定。

沈括离任后仍然关注着两浙水利兴修工程，两浙转运使王庭老想关停水利工程，沈括据理力争，再次上疏神宗皇帝，并对王庭老的态度变化提出质疑。在他的坚持下，宋神宗下旨水利兴修不得搁置，诏曰“第二料水利除不可兴修外，并先从低下处兴工，中、高田不得一

小贴士：宋代的路制

宋代的路制是一种以转运司为主体的地方行政机制，转运司是宋代高层政区的政府。宋初，即设转运司，将全国划分成为若干个转运司路，以管理一路的民政、财政。帅司路、转运司路以及后来的提点刑狱司路、提举常平司路，在发展、健全的过程中，都存在着一个政区幅员尺度大小的问题。宋王朝从政治、军事、经济等各种不同的角度考虑，因时制宜，划分行政区、监察区、军区的辖境，使得宋代的路制呈现出犬牙交错、层次繁复的形态。

北宋的路制初分时极不稳定。太宗至道三年（997），始分天下为京东、京西、河北、河东、陕西、淮南、江南、荆湖南、荆湖北、两浙、福建、西川、峡路、广南东、广南西十五路。真宗咸平四年（1001）王

均之乱后，以“西蜀辽隔，事有缓急，难于应援”之故，将西川、陕路两路遂分为益、梓、利、夔四路。天禧四年（1020）江南路亦因辖境辽阔，不便管理，分为东、西两路，是为十八路之制。熙宁间（1068—1077），京东、京西、河北、陕西、淮南各分为两路，是为二十三路之制。元丰元年（1078），京东、京西、河北、陕西、淮南又复合为一路，故此后转运司路仍为十八路之制。真宗景德年间（1004—1007）始置开封府界，仁宗皇祐、至和与徽宗崇宁以后，多次以府界为基础建为京畿路。

例围裹”。

熙宁八年（1075）七月，沈括刚刚出使辽国归来后就被任命为淮南、两浙灾伤州军体量安抚使，再次来到了自己的家乡。在这期间，沈括除了继续关注两浙农田水利的兴修外，还亲自巡视各地，整肃吏治，严查官员违法乱纪行为。

第六章　《梦溪笔谈》记水利

高超巧合龙门

在古代社会，黄河下游洪水泛滥时，灾害频发，给沿河居民带来了深深的伤害。在北宋统治的167年中，黄河先后7次决溢后改道、改流和分流，受灾地区广，原有堤防基本上已经失去抗洪能力。河患加重，不仅对沿岸农田威胁很大，而且对汴河航运、京师东京的安全有重大影响。

在宋代，朝廷专门设置了都水监，料理治河事务，并在各州设河堤判官。朝廷重臣多参与治河方略的讨论，沿河地方官员也都重视治河。治河问题引起了大家的争论，加深了对黄河水情、地情的认识。人们在治河时探索出许多新的方法，积累了众多经验教训。当时河工技术有了很大的进步，对元明清时期的河道治理产生了一定的影响，埽工技术便是其中之一。

埽工技术是北宋河防最主要的技术之一，宋代用埽堵口、筑堤、护岸。埽是将树枝、石头等材料用绳子捆紧做成的圆柱体，用来保护堤岸，防水冲刷。埽工技术在历代人民治河的实践中日臻完善。《河防通议》中详

小贴士：《河防通议》

我国现存第一部全面记述黄河河工技术的专著《河防通议》，是宋金元时期治理黄河的重要文献。它的首著者沈立在庆历八年（1048）黄河商胡埽堵口时，为“提举商胡埽”在现场进行了大量调查，最终写成此书。《宋史·沈立传》记载：“采摭大河事迹、古今利病，为书曰《河防通议》，治河者悉守为法。”该书记述了当时河工结构、材料、计算方法，以及施工管理等经验。

原书现在已经失传，现存版本是元代赡思在至治元年（1321）根据沈立原著和南宋建炎二年（1128）周俊所著《河事集》，以及金代都水监编的另一本《河防通议》加以整理改编而成的。书分六门，门各有目，水情、物料、工程、丁夫、输运以及安桩、下络、叠埽、修堤等方法，均有记述，是现今研究宋金元时期治理黄河的第一手资料。

细记载了埽工的制作方法，在密布的绳索上铺一层榆木柳条，再在其上铺上碎石，并用粗大的竹索横贯其中，然后卷起来使它形成圆柱形的整体。卷埽时十分耗费人力，通常要用数百人扛大木卷起，每卷一层，都要在上面架上大木梯，众人站立在梯上压紧。每个大埽一般长约33米，直径约为3.3—13.3米。北宋每年制埽量都很大，它们一部分用作储备堵口应急，一部分用作修理，一部分用作护岸。

护岸技术有束埽护岸、木龙护岸、石板护岸、锯牙护岸等。束埽护岸并不经久耐用，但因其简单、有效，直到后世仍被沿用。

天禧五年（1021），北宋大臣陈尧佐曾采用木龙护岸的方法。“复就凿横木，下垂木数条，置水旁以护岸，谓之木龙。”木龙护岸是用多条横木紧密连接在一起，在纵向上每隔一段距离放置垂木，形成网状结构筑堤岸，防止河水溢出。

南宋知府李若虚曾用石板护岸的方法，做河堤护岸。另外，北宋时期人们还经常采用锯牙护岸法，就是在河堤内修筑一系列锯齿状的短土堤、石堤或木堤，以挑开暴流，防止齿蚀堤岸。锯牙护岸通常采用堵口技术，堵口技术的难点在于合龙。合龙是指在堵塞河水决口处要合口时，中间下埽。在快合拢的地方压中间的这一埽，叫“合龙门”，这是工程成功与否的关键。

庆历八年（1048），黄河在澶州商胡埽（今河南省濮阳市东北）决口北徙，从此黄河下游河道北流、东流并存，河水泛滥，波及河北路大部分地区，直至1128年黄河改道南流而结束。沈括在《梦溪笔谈》中不仅详细

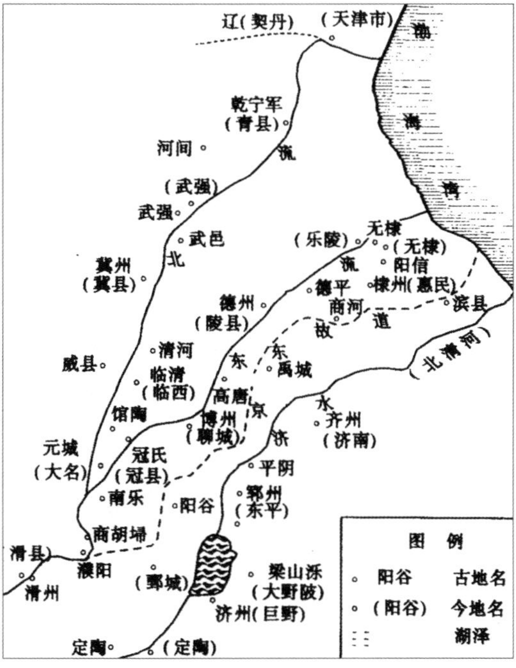

北宋黄河东流北流示意图(《黄河水利史研究》)

记录了这次决口时一位名叫高超的水工发明的“巧合龙门”的技法，还热情歌颂了水工高超勇于创造的革新精神，表现了他同情人民疾苦、主张治理黄河水患的进步立场。

据《梦溪笔谈》卷11记载，庆历年间，商胡埽黄河决口，三司度支副使郭申锡亲往督工，仍然没有堵住决口。那时合龙门的埽有六十步长。水工高超提出了一个建议，他认为埽的本身太长，人力压不下去，埽下不到水底，因此，流水非但没有截住，绳缆大部分也断了。高超建议应将六十步的埽分为三节，每节埽二十步长，用索在中间把它们连接起来。先压下第一节，等压到河底，才能压第二节和第三节。但原有的水工不同意，认为这个办法不行，有人担心道：“埽缩短了二十步，不能一下子实现断流，埽被冲走，势必白白浪费掉，费用将增加一倍，决口也更加难以堵住。”高超耐心地解释说：“二十步埽虽然比较短，但分三次下埽，洪水对埽的冲击力会减为原来的三分之一，众人的力量就可以压住埽，不易被水冲走。等到第一节埽压下固定之后，再下第二节。第二埽固定后，决口只剩下二十步，决口两端的人就可站在岸边进行施工，不用承受水中的重力，行动更加有力。等到第三节安置完毕后，前两节早已被浊泥淤固稳定，这时再在埽上压上土层进行加固，跟在平地上施工一样，十分快捷方便。”尽管高超耐心解释三节压埽的原理，郭申锡还是主张采用原来的方法，不听高超的建议。但按照原来的方法施工，埽很快就被河水冲走，河口的冲决也更加严重，郭申锡因此被降职。北京留守司贾昌朝认为高超的说法是正确的，采用了高超三节压埽的办法，商胡埽的决口才得到控制。

三节压埽法是水工高超的一个发明，史书中没有记载，是沈括给我们留下了这一珍贵资料。

淮南漕渠复闸

秦统一六国之后，为进一步完成统一大业，在广西兴安县开凿了第一条人工运河——灵渠。宋范成大的《桂海虞衡志》在记述灵渠时有这样的记载：“六十里间，置斗门三十六，土人但谓之斗。舟入一斗，

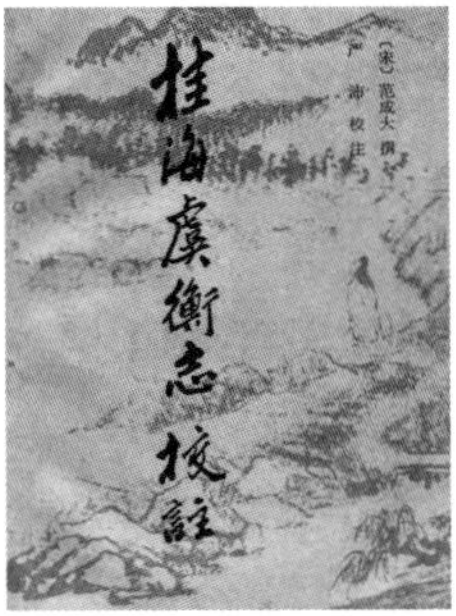

《桂海虞衡志》书影

小贴士：埭

埭，即土坝。水位差较大的河流，行船不便，在水位差变化显著的位置拦河筑坝，中间设渡口，可维持坝的上下游的水势相对平稳。行船渡过时，可用人力、畜力或绞车牵引助船过埭。

则复闸斗，俟水积渐进，故能循崖而上，建瓴而下，千斛之舟，亦可往来。”这是有关闸斗的较早记载，但是建筑三十六个斗门的记载有待考证。《宋史·河渠志》记载：“唐宝历初，观察使李渤立斗门，以通漕舟。”由此可见，唐代开始便有了建造闸斗的历史。

沈括在《梦溪笔谈》卷12中提到，淮南的漕渠不知是从什么时候开始筑埭蓄水的，这里的漕渠指605年隋朝循春秋吴国邗沟的故道，自江苏省淮安市至仪征市开凿的一段运河，连通长江和淮河。相传漕渠的邵伯埭是东晋谢安于385年修筑的。宋天圣年间，右侍禁陶鉴主持真州（今江苏省仪征市）排岸司时，开始研究用复闸来控制水流，以便节省牵引行船过埭时所需要的大量劳动力。

复闸，即双道水闸。在水位差较大的河道上下各筑一道水闸。行船进入下游水闸后，即关闭下游水闸，然后打开上游水闸，等闸内水位提高到与上游水位同一水平时，行船即可驶向上游。要是下水，船进闸后关闭上游水闸，然后再开启下游水闸。

当时，工部郎中方仲荀和掌管皇宫彩饰仪物的文思使张纶二人任正、副发运使，上报请求朝廷修建复闸获准以后，才修筑了真州闸（复闸）。真州闸修筑好之后，每年可省去劳力五百人，节约一百二十五万的杂费。按照旧时船运方法行船，一条船装运不超过三百石，闸建成后，开始时装运四百石，官船甚至可以逐渐增加运量达到七百石，民船可装运八百多袋大米。自此以后，北神、邵伯、龙舟、茱萸等埭相继废除旧法采用新制，到现在复闸还一直在使用，有益于水运。沈括在元丰年间经过真州时，发现江亭后面的污泥中横放着一块石碑，上面刻有胡武平写的《水闸记》，大略地叙述了这件事，只是不太详尽。

沈括这里所记的真州闸，虽然在我国古代水利史上不算最早，但是废埭造闸却是航运技术上的一项革新，而且在淮南漕渠是第一次。

三记沿河堤岸

唐代韩愈《此日足可惜赠张籍》诗“下马步堤岸，上船拜吾兄”中出现了堤岸一词，堤岸是指防治河水漫溢的挡水工程。各朝各代都会在河边修筑堤岸，并在岸旁种植树木，以防汛期时河水泛滥成灾。

《梦溪笔谈》卷13中记载了熙宁年间睢阳（今河南省商丘市）地区因汴河暴涨，抢险救堤的故事。熙宁年间，实行农田水利法，睢阳地区开堤引汴河筑淤田时，汴水猛涨，沿河河堤受到严重损坏，即将被冲毁，人力无法控制。宋时设都水监管理水利，当时都水监的主要官员都水丞侯叔献正在现场。侯叔献为参与王安石变法成员之一，积极推行引汴水筑淤田、疏浚汴河等农田水利措施。他观察到上游几十里外有一座废旧的古城，便立即下令在古城附近挖开汴水的河堤，把水引到古城中去，这样下游的水流就小了，再赶紧派人修复睢阳地区塌陷的河堤。第二天，古城中的水已经满了，河水又沿河道而下，这时塌陷的河堤已经修复好了。他再派人堵塞流向古城的决口，由于堤内外的水位相等，几乎不流动，一下子就堵住了决口。大家都很佩服侯叔献的应变能力。

《梦溪笔谈》卷13中记录了有关苏昆石堤的故事。从苏州到昆山有六十里，到处都是浅水而没有陆路通行。老百姓苦于往来蹚水，很久前就打算筑一道长堤，但是苏州到处都是水，根本没有采土的地方。嘉祐年间，有人建议在水中用粗竹席和干草做成墙，搞两排，间距三尺，在离墙六丈远的地方，用同样的方法再做一道墙。之后捞起水中的淤泥填实到粗竹席的墙里，等淤泥干了，就用水车弄干两道墙中间的积水。水抽干之后，两墙中间六丈宽的地方都是土，保留一半的土作堤基，把另外一半挖成沟，取出来的土堆再用来筑堤，每隔三四里再修一座桥，让南北的水沟通。不久堤就修好了，到沈括记录时仍在沿用。

《梦溪笔谈》卷11记载了有关钱塘江石堤的故事。钱塘江在五代吴越时修筑了石堤，堤外又埋下了十多行深水桩，叫作滉柱。滉柱即竖立在堤外的深水桩，用以减弱潮水对堤岸的冲击。宝元、康定年间，有人曾建议把滉柱取出，以为可以得到几十万根好木材。

杭帅同意了这个做法。杭帅即五代时吴越钱氏王朝的后代，被中央王朝封为“天下兵马大元帅”，因为吴越国建都在杭州，所以称杭帅。但是滉柱从水里取出后，全都是旧木桩，已经朽烂得不能用了。滉柱被挖出来后，石堤就受到洪涛的冲击，年年被摧毁决口。原来前人埋滉柱是为了减缓凶猛的浪涛，使石堤避开江水的直接冲击，洪涛也就不会泛滥了。当时有人建议从浙江税场（即盐场）以东数里外的地方改筑一道月牙形的堤，以便避开汹涌的江涛。大多数的水工都认为这个方法可行，唯独有一位老水工认为不可，他暗地里告诉其他水工说：“要是改筑了江堤就终年没有水灾了，你们还靠什么生活下去呢？”大家觉得老水工说得十分有道理，符合自身利益，就听从并附和他。当时担任两浙转运使的杜伟长却没有察觉其中的计谋，连年花巨资治水，然而江堤决口、河水泛滥仍年年发生。后来杜伟长终于认识到了修筑月堤的好处，修筑了月堤，江涛的危害才减少了一些。但是这个方法终究不如埋滉柱的办法好，可是滉柱已经不可能再修筑了。

《梦溪笔谈》中三处记载沿河堤岸的文字，多是沈括自己在治水活动中的亲身体验以及对劳动人民实践结晶的科学总结。沈括“目睹其验，始著于篇”“皆予目睹”，一切真知都是从实践经验中得来的。

第七章　科学通才留千古

博学多艺展全才

沈括是一位学识极其渊博的大学者。他能够在繁忙的政务之余，在点滴的缝隙之间，像海绵吸水一样吸取一切知识。据《宋史·沈括传》记载：“括博学善文，于天文、方志、律历、音乐、医药、卜算无所不通，皆有所论著。”

沈括一生游历全国南北各地，形成了他的地理学说。气象和地理学家竺可桢在1926年写的《北宋沈括对地学之贡献与纪述》中，就高度评价了沈括对地理学的贡献。

沈括对雁荡山流水侵蚀和华北冲积平原的形成等深有研究。据《梦溪笔谈》卷24记载，他考察了浙江的雁荡山，提出雁荡山的凌空巨石是雨水千百年冲刷的结果，论述了雁荡诸峰是由流水侵蚀作用形成的，这是人类第一次提出流水侵蚀的理论并用实例加以解释。早在六七千万年前，这里起伏不平的地面经过风化作用和流水作用，变成较为平坦的地面，之后在地壳运动影响下，上升为高达1000多米的山顶平坦的山地。同时，这里流纹岩的垂直裂缝受到风化和流水侵蚀作用后逐渐扩大，加深成沟谷。如刀切般的峻峰与山谷，在某些不均匀的地段又形成瀑布，渗入地下的水流又侵蚀出地下洞穴。这样就形成了谷峰相映、山峦齐一、千峰锦绣的奇特景色。同时沈括还指出，山上凡是类似的地貌，都出于同一种成因，同黄土高原的地形成因相互印证，即都是流水侵蚀所致。在欧洲，这一理论出现于18世纪末英国学者赫顿《地球的理论》一书中，比沈括要晚700年左右。

沈括雁荡山摩崖题名
（《胡道静文集·沈括研究·科技史论》）

沈括在按察河北西路时，看到太行山的山崖间“往往衔螺蚌壳及石子如鸟卵者，横亘石壁如带”，“横亘石壁如带”指出了海相沉积的结构特征。沈括还分析了沧海变桑田的另一个原因是水流搬运物质堆积而成，这是人类第一次提出“流水堆积作用”思想。沈括首次提出并用这一思想解释了华北平原地貌的成因。在考察黄河三角洲后，沈括提出其地貌是泥沙堆积而成。他根据河北太行山山崖间有螺蚌壳和卵形砾石的带状分布的特征，推断出这一带是远古时代的海滨，华北平原是由黄河等河流所携带的泥沙沉积而形成的。沈括视察河北边防的时候，曾经把所考察的山川、道路和地形在木板上制成立体地理模型。

沈括用“飞鸟图”绘制了《大宋天下郡守图》，使得北宋的地图更加精确。沈括采用的“飞鸟图”，即“取鸟飞之数”，用的是飞鸟直达的距离，有点像航空拍摄，使得地图的精确度大为提高。《大宋天下郡守图》在与辽国的边界谈判中发挥了重要作用。熙宁九年（1076），沈括奉旨编绘《天下州县图》。经过十二年坚持不懈的努力，沈括于元祐二年（1087）完成了《天下州县图》，即《守令图》。这本图集是中国制图史上的巨作，是一套大型地图集，共计二十幅，其中有大图一幅，高一丈二尺，宽一丈；小图一幅；各路图十八幅（按当时行政区划，全国分作十八路），图中内容十分详细。在制图方法上，沈括提出分率、准望、互融、傍验、高下、方斜、迂直等九法，还把东西南北四个方向细分成二十四个方位，使图的精度有了进一步提高，为中国古代地图学作出了重要贡献。

沈括的科学建树是多方面的。在数学上，沈括有两项成就格外值得重视："隙积术"和"会圆术"。这在世界数学史上是遥遥领先的首创，比西方学者发现类似的公式早六百多年。"隙积术"，即首创了矩塔形堆垒物的计算公式，也就是现代高阶等差级数求和的计算公式。这个"隙积术"后来发展为"垛积术"，顾观光在《九数存古》卷5中称"而创始的功绩，应该归之于沈氏"。"会圆术"是已知圆的直径与弓形的高而求弓形底（即弦长）和弓形弧（弧长）的公式。元代的郭守敬在这一基础上发展建立了球面三角学。

沈括还提出过计算围棋对弈总局数的估算方法。围棋棋盘上有361个可以投子的格点，而每个格点又有黑子、白子和空位3种可能，因而共有3的361次方种的棋局变化。这在当年是一个天文数字，但沈括估算出来的结果却非常精确。日本数学家三上义夫（1875—1950）的著作《中国算学之特色》中给予沈括极高的评价，他写道：“日本的数学家没有一个比得上沈括。……在全世界数学史上找不到像沈括这样的人物，只有中国出了这么一个。我把沈括称作中国数学家的模范人物或理想人物，是很恰当的。”

在物理学上，沈括的思想火花更是处处闪光。在磁学方面，他记录了指南针原理及制作方法，发现了地磁偏角的存在，指出“方家，以磁石磨针锋，则能指南，然常微偏东，不全南也”，比哥伦布的地磁偏角报告早400多年。在光学方面，沈括针孔成像实验的结论较《墨经》与《淮南子》的记载有了很大发展。他清晰地说明了墨子观察到的针孔成像和凹凸镜面成像等光学现象的原理，并解释了彩虹的形成原理。沈括用纸人来放大琴弦上的共振，研究声音的共振现象，比1677年英国人诺布尔和皮戈特用纸游码演示弦线共振早500多年。沈括还描述了“虚能纳声”的空穴效应，来解释为什么士兵们用皮革箭袋作枕头可以听到数里之外人喧马叫。

在化学方面，沈括曾做过金属置换实验，如“胆水炼铜”，即用硫酸铜溶液可以把铁变成铜。在石油化学方面，沈括首先命名了“石油”，还考察过石油的矿藏分布，创造了用石油炭黑代替松木炭黑来制造烟墨的工艺。他说石油“生于地中无穷”，并预见到“此物后必大行于世”。昔日沈括的预言在今天已得到了证实。

苏轼像（台北故宫博物院藏）

在生物医学方面，《梦溪笔谈》用了大量的篇幅记载动植物的形态、性质、功用与地理分布。医学方面，沈括记录了不少有效的医药良方，留下著作《沈存中良方》，该书在北宋熙宁八年（1075）与苏轼所撰《苏学士方》合编成15卷的《苏沈良方》。《苏沈良方》并不是苏轼与沈括合作的医书，而是后人先编录了沈括所著的《良方》10卷，然后把苏轼的医药杂说也附入其中，才有了现今所见到的《苏沈良方》。在书中，“秋石方”是世界上第一个用人尿制成激素药物的配方，比欧洲要早900年左右。

浮漏模型

沈括也精通天文学，他曾兼任提举司天监一职，在任上改进了观测天象的浑仪，并制造了计时的浮漏仪和测日影的景表。

他还主持制定了《奉元历》，其“根据实测来修历”的思想成为后来郭守敬修历的指导理论。沈括提倡过自称为“十二气历”的新历法，与今天的公历相似。沈括按节气来定月，每年以立春为一年的开始，每个月拥有两个节气，大月31日，小月30日。这一超前思想，当时的人们还无法接受，后来英国在20世纪30年代所用的萧伯纳历，实际上与“十二气历”是一个道理，却晚了近900年。

当时沈括已经知道“冬至日行速，夏至日行迟”，并且在计时精度方面领先西方六百多年。他亲自观测北极星，绘图两百多张，得出北极星位置与地球北极方向相距三度的结论，还解释了太阳运动不均匀而引起的时差现象。他在历史上第一次阐明了月亮盈亏和日食月食的原因。此外，他实地考察过海潮的涨落规律，得出“每至月正临子、午，则潮生，候之万万无差。……月正午而生者为潮，则正子而生者为汐”的正确结论。

沈括在军事方面也颇有研究。熙宁八年（1075），王安石再次被启用为宰相，沈括和章惇同领军器监，两人共同讨论兵车制度，探究城防、阵法、兵车、兵器、战略战术等军事问题，并一同详细制定了九军阵法。他

小贴士：十二气历

沈括在《梦溪笔谈》里提出的十二气历是一种完全按节气来定历的历法。十二气历既可以和天文实际相吻合，又方便农时的掌握和安排，是一种很有科学价值和实用意义的历法。

十二气历中建议废除以12个或13个朔望月为一年的传统历法，实行阳历，不以月亮的朔望定月，不用闰月，而参照节气定月。提出以十二节气为一年，以立春为一年之始，并以十二节气定月，立春为孟春（正月）初一，惊蛰为仲春（二月）初一，以此类推。大月31日，小月30日。一般大小月相间，一年最多有一次两个小月相连。月亮圆缺和季节无关，但是可以在历书上注明“朔”“望”以备参考。由于沈括的十二气历从根本上否定了中国几千年的传统历法习惯，因此从北宋开始至清代并没有颁布施行。后来太平天国的天历和辛亥革命以后引进的公历，其实质和十二气历是相似的。在20世纪30年代的英国，气象局使用“萧伯纳历”来计算农业生产的气候，它的原理与十二气历也是相同的。

攻读兵书，编写了《修城法式条约》和《边州阵法》。他对弓弩刀枪武器的制造有深入研究并提出改进建议，还研究了铁和钢的冷锻和热锻，制造出“柔薄而韧”且“强弩射之不能入”的铁甲。

在音乐美术方面，据《宋史·艺文志》记载，沈括撰写过《乐论》《乐器图》《三乐谱》《乐律》等著作。沈括在书画收藏与鉴赏方面也是行家，有名作《图画歌》，以诗歌形式品评两晋、五代十国至北宋的五十多位名画家的作品及风格，得到米芾等书画名家的高度赞赏。

科学家沈括在文学、语言学、史学领域都颇有造诣，这些从《梦溪笔谈》中均可考证。沈括诗词被收录在《长兴集》中。《长兴集》共41卷，今天可查的有19卷。

沈括博学多艺、观察仔细、善于思索，而且敢于推陈出新、坚持真理。沈括站在了时代的前列，他的科学成就，在今天仍然值得我们称颂。

晚年潜心著《笔谈》

元丰三年至五年（1080—1082），沈括担任鄜延路经略使，因永乐战败而承担责任。此时王安石也已经被

镇江梦溪园今貌

罢相，沈括在朝廷也没有了立足之地，很少有人能为他说话。随后，沈括被贬为均州团练副使。沈括在政治上遭受了沉重的打击，政治生涯基本宣告结束。元祐初年（1086），沈括又被派遣到秀州安置。元祐四年（1089），朝廷任命沈括为光禄少卿，分司南京，在南京领取俸禄，并获得了居住地自由的权力。沈括随即前往润州梦溪园定居，并潜心写作《梦溪笔谈》。

沈括一生的著述甚丰，共有40种左右，在《宋史·艺文志》中著录的就有22种155卷之多，可惜其中大多已经佚失了，今天能见到的只有《梦溪笔谈》《补笔

《梦溪笔谈》书影

谈》《续笔谈》《苏沈良方》《忘怀录》《长兴集》等。沈括的科学技术知识与思想，主要体现在《梦溪笔谈》（包括《续笔谈》《补笔谈》）与《苏沈良方》中。

《梦溪笔谈》是沈括知识思想的集大成之作，在我国科学技术史上占有重要的地位。《梦溪笔谈》中以大量篇幅记载了我国古代的科学成就，是一部百科全书式的著作，其学术价值受到中外学者的高度赞誉。《梦溪笔谈》记录了数学、天文学、物理学、化学、地质学、地理学、农学、医学和文史等许多方面的科学成就，涉及了古代自然科学所有的领域。全书有26卷，分故事、辩证、乐律、象数、人事、官政、权智、艺文、书画、技艺、器用、神奇、异事、谬误、讥谑、杂志、药议17门共600余条，其中自然科学方面约200条。后来沈括还写了《续笔谈》3卷和《补笔谈》1卷。

国内外学者对沈括的科学成就进行了大量阐发和探讨，一致认为他是古代一位伟大的科学家。英国学者李约瑟在其著作《中国科学技术史》一书中称誉沈括是“中国整部科学史中最卓越的人物”，赞许他的著作《梦溪笔谈》是“中国科学史的里程碑”。《梦溪笔谈》涉及的领域非常广泛，可以说在当时已有的学科中都有沈括所做的工作。此外，从《梦溪笔谈》中，我们也可以得到一些启示，让我们更加了解沈括其人。

《中国科学技术史》书影（部分）

第一，《梦溪笔谈》以有力的事实向我们说明了专业科学技术工作者是发展科技事业的骨干力量。沈括记录了世界上第一个发明活字印刷术的布衣毕昇、“精于

活字模型与活字印刷流程

历术”“运筹如飞，人眼不能逐”的平民历算家卫朴、创造三节压埽法巧合龙门的水工高超、“人皆服其精练”的木工喻皓等。

沈括自己的科学成就也是从人民群众中吸取经验转

小贴士：活字印刷术

活字印刷术是我国古代四大发明之一，它的发明者毕昇本人并没有留下有关活字印刷术的著作，其记载和推广是由沈括等后辈来完成的。活字印刷术起初被命名为“沈存中法”，后来由于人们重视劳动工作者的付出，毕昇和他的活字印刷术才逐渐被人们熟知。

《梦溪笔谈》卷18中，详细记载了庆历年间民间布衣毕昇所发明的活字印刷术。活字印刷术是我国印刷术发展中的一个根本性的改革，是对我国劳动人民长期实践经验的科学总结，对我国和世界各国的文化交流作出了伟大的贡献。毕昇的活字印刷术因沈括《梦溪笔谈》的独家记载而流传于后世，甚至远渡重洋，走向世界。胡道静先生认为：“《梦溪笔谈》首先是因为其中有一个篇章十分正确而详细地记录了世界上首先创造发明活字版印刷术的人物和情况，作为一条非常珍贵的技术史料而为国际上文化史界所注目、所引用，沈括（存中）的这部著作也就闻名于世。”

化而来的。北宋林灵素在《苏沈内翰良方·序》中说他“凡所至之处，莫不询究，或医师，或里巷，或小人，以至士大夫之家，山林隐者，无不求访。及一药一术，皆至诚恳切而求得之”。沈括依据广大劳动群众长期在农田水利建设中积累起来的关于地形测量的经验，首创了“隙积术”和“会圆术”，他从劳动人民在长期治水过程中认识到沧海桑田的变化，以及由华北平原流水搬运堆积形成的地理变迁而提出的“流水堆积”理论。《梦溪笔谈》的科学成就，是劳动人民和专业科技工作者辛勤劳动的共同结晶。

第二，《梦溪笔谈》中所记载的科学成就，表明沈括始终相信科学。沈括积极研究天文自然规律，并改制了浑仪、浮漏仪和景表三种重要的天文仪器；主持修订了更为精密的《奉元历》，改进历法，发展农业生产。他还精心研究了城防建筑、阵法、兵器武备、钢铁冶炼、地图绘制等理论和技术，为的是增强国防力量。

第三，沈括在《梦溪笔谈》中表现出他强烈的实践精神和批判态度。沈括能够在好奇心的驱使下，勇于付诸实践，运用实验等科学方法进行研究，用来解释现象原理，这是沈括能够取得众多科学成就的根源所在。沈

镇江梦溪园

括在观测天文星象时，会将每一次观测记录下来，日积月累，找到其中的规律，以实测来修订历法。《梦溪笔谈》卷8中记载：“其法须测验每夜昏、晓、夜半月及五星所在度秒，置簿录之。满五年，其间剔去云阴及昼见日数外，可得三年实行，然后以算术缀之，古所谓‘缀术’者此也。”

沈括的改革与创新精神也时时刻刻渗透于他的科学研究中。沈括敢于批判历代被人奉为典籍的各家《本草》的差错，纠正了前人几十种中草药的错误记载。沈括认为：“古人处方，大体如此，非此书所能尽也。况方书仍多伪杂，如《神农本草》，最为旧书，其间差误尤多。医不可以不知也。”沈括还打破了传统形成的每年的二月与八月采集中草药习俗，他认为世界上的植物生长规律各不相同，不能拘泥于只在二月或八月采集。

小贴士：《神农本草经》

《神农本草经》是我国现存最早的一部药物学专著，托名神农，实际上并非出自一时一人之手，原著早已亡佚，其文字经辗转引录，多保存于后世其他著作之中。宋代唐慎微的《经史证类备急本草》较完整地保存了该书的内容。现存最早的辑录版本是明代卢复辑本，而流传较广的是清代孙星衍辑本与顾观光辑本，及日本人森立之辑本。

《神农本草经》共记载了365种药，其中有植物药252种，动物药67种，矿物药46种。《神农本草经》药物主治病证涉及内、外、妇、儿、五官诸科170多个病种。对每味药物所记载的内容包括性味、主治、别名及生长环境等。《神农本草经》总结了秦汉以前劳动人民在医疗实践中的药物学成就，标志着中药学理论体系的初步形成，具有重要的历史价值和科学意义。其所载药物主治功效大多是正确的，至今仍有效地运用于临床。

沈括不仅仅注重批判继承古人之思想，还极具创新精神。他不仅在地理学、数学、物理学等各个领域有所成就，还创造性地将多个学科之间进行联通，将数学思想与方法应用于军事领域以及农田水利等工程技术方面，沈括的每一项研究中都闪现着探索真理和打破传统与权威的光芒。

绍圣二年（1095），沈括在梦溪园逝世，享年六十五岁。

参考文献

1.〔元〕脱脱等撰：《宋史》，中华书局 1977 年版。

2. 张家驹著：《沈括》，上海人民出版社 1978 年版。

3. 中国科学技术大学、合肥钢铁公司《梦溪笔谈》译注组：《〈梦溪笔谈〉译注》（自然科学部分），安徽科学技术出版社 1979 年版。

4.〔宋〕沈括撰，胡道静辑集：《沈括诗词辑存》，上海书店 1985 年版。

5. 杭州大学宋史研究室编：《沈括研究》，浙江人民出版社 1985 年版。

6. 安徽农学人物编审委员会编：《安徽农学人物选编》，安徽人民出版社 1990 年版。

7. 祖慧著：《沈括评传》，南京大学出版社 2004 年版。

8. 何勇强著：《科学全才——沈括传》，浙江人民出版社 2005 年版。

9. 中共杭州市余杭区委宣传部主编：《沈括》，西泠印社出版社 2007 年版。

10. 胡道静著，虞信棠、金良年编：《胡道静文集·梦溪笔谈校正》，上海人民出版社 2011 年版。

11. 胡道静著：《胡道静文集·沈括研究·科技史论》，上海人民出版社 2011 年版。

12.〔宋〕沈括原著，杨渭生新编：《沈括全集》，浙江大学出版社 2011 年版。

13. 于元编著：《梦溪园中的科学老人：沈括的故事》，吉林科学技术出版社 2012 年版。

14. 杨法宝著：《沈括研究》，浙江古籍出版社 2016 年版。

15.〔北宋〕沈括著，景菲编译：《梦溪笔谈》，三秦出版社 2018 年版。

本书部分图片由沭阳籍的南京师范大学邵俊敏教授提供，谨致谢忱！